Abramakabra

Abramakabra

Von Träumen und Reimen

Marianne Hartwig

Bibliografische Information Der Deutschen Bibliothek:
Die Deutsche Bibliothek verzeichnet diese Publikation in der
Deutschen Nationalbibliographie; detaillierte bibliografische
Daten sind im Internet über <http://dnb.ddb.de> abrufbar.

Copyright © 2020 Marianne Hartwig
Layout und Gestaltung: Chris von Gagern
Umschlag: Gerlinde Mader,
Lichtblick, Acryl/ Leinwand, 80 x 60 cm
Herstellung und Verlag: **BoD** - Books on Demand, Norderstedt
ISBN: 978-3-7526-2324-6

Neulich träumte mir, ich sei ein Schmetterling. Ich flatterte durch die milden Sommerlüfte, besuchte die schönsten Blumen, trank ihren köstlichen Nektar und fühlte mich wohl und glücklich. Da erwachte ich plötzlich und war wieder Dschuang-Dsi, der Philosoph.

Sage mir, großer Gott, wer bin ich? Dschuang-Dsi, der träumt, er sei ein Schmetterling, oder bin ich ein Schmetterling, der träumt, er sei Dschuang-Dsi?

Dschuang-Dsi, chinesischer Philosoph, 365 v.Chr.

Inhalt

Vorwort

Der Titel Abramakabra verknüpft den bekannten Zauberspruch mit der Notion des Skurrilen und ist Marianne Hartwigs elfte Sammlung von Gedichten. Diesmal kommt auch Prosa ins Spiel, denn im umfangreichsten Kapitel geht es um Träume.

Die Sammlung, entstanden innerhalb eines Jahres, übertrifft an Umfang geringfügig die letzte und ist thematisch in sechzehn Kapitel unterteilt.

Gleich in den ersten drei Kapiteln geht es um Träume, sowohl in gereimter als auch in narrativer Form, wobei das zweite Kapitel 'Reich der Träume' in Prosa den Schwerpunkt der Sammlung beinhaltet.

In den folgenden Kapiteln stehen ihre tierischen Mitbewohner, Impressionen aus dem unmittelbaren Umfeld ihrer Wahlheimat Ibiza, sowie Erinnerungen an vergangene Epochen ihres Lebens im Vordergrund.

Eine Besonderheit stellt in dieser Sammlung die Selbstreflexion dar, die in Kapiteln wie 'Eigentümlich und eigenwillig', 'Reimlust', 'Schreibseligkeit', 'Wenn und Aber', 'Klagen und Kritisieren' sowie

'Wenn und Aber' zutage tritt. Sie nimmt manchmal die Form von Eingeständnissen an, wird aber gerne auch in Selbstbestätigung überführt und erstreckt sich vielfach auch auf den Prozess des Reimens.

Einen aktuellen Bezug weisen die lyrischen Reflexionen der Autorin besonders im Kapitel 'Corona' auf, wo sie sich der besonderen Lage der COVID19 Pandemie annimmt.

Eine Quelle der Inspiration stellt die (Fern-) Beziehung zu einer Freundin dar, die ebenfalls kreativ tätig ist und somit eine Parallele darstellt, an der sie sich wesentlich orientiert.

Chris von Gagern, Ibiza, Nov. 2020

ABRAMAKABRA

Von den Träumen

Untertan

Wann fasst du all deine Gedichte zusammen
die deine Trostlosigkeit wiedergeben
werde ich manchmal gefragt
Niemals sage ich dann – das Leben
spaltet sich auf: Der eine träumt, der andere klagt

Ich habe mich für das Träumen entschieden
Das Klagen überlasse ich all denen, die meinen:
Schuld haben immer die anderen – die Lebens-Banditen
Klagende beschließen statt zu dichten zu weinen
Was eine Lebenshilfe sein kann
Beides erfordert viel Papier – Taschentuch oder Buch
Rebell oder Untertan.

Titel

Jetzt gibt es erst einen Titel und dann schreibe ich
Der Titel verführt mich
zu mehr Unsinn
Ist wie eine Zauberformel, eine Wortmalerei

Mehr Widersinn
Ich bin frei
Nicht mehr an Arbeit gebunden
mehr an Spielerei

Und die hat ihre eigene Zauberformelei
Ihre Sprach-Melodie
Abramakabra verzichtet auf Philosophie

Ist eher wie ein Märchen – ein Zauberkunststück
Ein Wolkenkuckucksheim mit Blick zurück.

Das Leben zu lieben

Zwischen Träumen und Reimen
sind viele Gemeinsamkeiten
Auch beim Reimen gibt es am Anfang keinen
vorhersehbaren Schluss – nur Fragwürdigkeiten

die sich einen Weg bahnen
Mit Neugierde verbunden sind
und ahnen
in diesem Sprach-Labyrinth

Lassen sich Gedanken finden
die dem Leben einen Sinn geben
die helfen, Schicksalsschläge zu überwinden
und dazu beitragen, das Leben zu lieben.

Sich selbst zu lieben

Warum möchte ich sie behalten
Und warum finde ich sie spannend
Oft sind es doch nur die alten
Geschichten – komplizierter ohne happy end

Allerdings treffen sich Freunde aus verschiedenen Zeiten
Suchen nach dem Stein der Weisen
und lassen sich zu alchimistischen Äußerungen verleiten
Zeitreisen

der interessantesten Art
Grenzen- und fassungslos - ohne Gedanken-Zäune
Unvereinbar mit der Gegenwart
So sind sie – die Träume

Weder Freud noch Jung können sie besser deuten
als du selbst
Sofern du sie berücksichtigst - die Archetypen
Und du dir in deinen Traumrollen mehr oder
weniger selbst gefällst
Was so viel heißt wie: sich selbst zu lieben.

Die einzig Richtige

Von all den vielen
Wort-Spielen
ist für jeden, der Worte liebt
ein Spiel, das dem Spieler die Illusion gibt:
Du könntest gewinnen
Oder eine Spiel-Kunst ersinnen
die auch anderen Wortspielern gefällt

Doch in der Spieler-Welt
gibt es viele Süchtige
die meinen ihre eigene Spieltechnik sei die einzig Richtige.

Aber allein

Auch wenn sie erfunden sind
sind Geschichten das Gedächtnis unserer Zeit
Manchmal sind sie der Zelt voraus, dann verlaufen
wir uns im Geschichten-Labyrinth
Verlassen uns auf den Ariadne-Faden und sind bereit
jahrtausendealten Geschichten zu glauben
Nennen sie zum Beispiel das Alte Testament

Jeder, der alte Geschichten kennt
weiß, sie enden mit Leid und Tod
Glücksgeschichten zu erfinden tut Not

Seltsamerweise bevorzugen Leser die Traurigen
Die Schaurigen
Die schließen Helfer und Hoffnung ein
Glück ist wie Liebe - tief empfunden - aber allein.

Experiment

Das erste Wort ist ausschlaggebend
Schreibt sich von allein
Nur widerstrebend
lasse ich mich dann auf seine Sinn-Führung ein

Einen Traum zu deuten fällt oft leicht
Einem Reim zu folgen bedeutet Umwege
Er weicht
ab von geradlinigen Pfaden und findet fast jede

Gedankenform richtungsweisend
Wohin führen sie - die Assoziationen
Zu einem Happy-end
Oder zu weiteren Illusionen;
Reimen wäre mehr als ein Gedanken-Experiment.

Liebesnest

Träume sind mit dem Netz der Gedanken zu fangen
wie Hermann Hesse meinte
Um in ihre Reichweite zu gelangen
ist Übung und Geschick Voraussetzung - ungeduldige
    Fang-Gedanken sind Feinde

Schillernde möchte man auch anderen zeigen
und hält sie in einem Traum-Reservoir fest
Ganz exotische will man verschweigen
Sie sind intim wie ein Liebesnest.

Thymian-Duft

Manchmal wache ich im Traum auf weil jemand meinen
　　Namen ruft
Heute erkannte ich die Stimme nicht, nur ein Duft
von Rosmarin lag in der Luft

Da hörte ich dich lachen
Wie unverkennbar es ist
Du Langschläferin, wollten wir nicht einen Morgen-
　　Rundgang machen
Ich weiß doch, wie anfällig du für Thymian-Duft bist.

Wie ein Fest

Was könnte schöner sein
als alle Gedanken auf ein Gedicht zu lenken
Eines, das im Entstehen ist – auf dem Weg in das Da-Sein
Es erscheint einfach – ohne nachzudenken

So wie ein Traum
der sich nicht an Regeln hält
der – kaum entstanden
in seine Chaos-Teile zurück zerfällt

Und doch ein Gefühl von Staunen hinterlässt
Es existiert, dieses Wunderland, ist Bestandteil des Lebens
wie ein Fest.

Paradiesvogel

Aufzuwachen mit einem Traum vom Fliegen
ist ein wunderschöner Tagesbeginn
Als Paradiesvogelblume – Strelizia reginae – die gerade
    blüht
erhebe ich mich in die Lüfte
Begleitet von einer dicken Hummel
Und kehre nach dem Flug über Meer und Pinienwald
auf mein Blätterdach zurück
Solange die Traumgeister es gut mit mir meinen
Schenken sie mir einen Traum wie diesen.

Gedankenlosigkeit und Ruh

Seitdem die Merkfähigkeit abnimmt
nimmt die Farbenpracht der Träume zu
Was wieder einmal beweist: Es stimmt
Geheime Wünsche offenbaren sich in Zeiten der
Gedankenlosigkeit und Ruh.

Nur ein Traum

Stift und Papier liegen griffbereit
ich muss nur nach dem Aufwachen danach greifen
und trotz Schläfrigkeit
einfach nur schreiben

Ohne nachzudenken schreibe ich auf was der Traum
    erzählt
Lebt dieses Traum-Ich in einer anderen Welt
die nichts von Moral oder Logik hält
Tote wieder leben lässt
Vergangenheit einbezieht in das Hier und Jetzt
Und der Tod nur ein Traum ist
den der Träumer in seiner anderen Welt vergisst.

Curriculum

Ein Traumgeschehen löst die gleichen intensiven Gefühle
      aus
wie die in der sogenannten Wirklichkeit
Ich lebe in einem runden Haus
Vollkommene Freiheit

An den Wänden nur Bücher und Bilder meiner Freundin
Ein rundes Bett, ein runder Tisch
Alles ist rund und ich bin
nur ein kleines ICH
im runden Universum

Fühlt sich gut an im Traum – das runde Curriculum.

Widersprüche

Träume stehen häufig im Gegensatz zur Tagesstimmung
Ein trüber Tag kann die hellsten Träume entstehen lassen
Wie ein Beweis dafür: Es gibt nicht nur eine Wahrnehmung
Bewusst- und Unterbewusstsein befassen
sich mit Empfindungen oder Erkenntnissen
voller Widersprüche und Möglichkeiten zwischen schwarz
    und weiß
Und wissen:
"Ich weiß, dass ich nichts weiß!*

*Sokrates

Lebensfragen

Wenn der Traum in Welten führt die dem Träumer vor-
kommen als würde er sie kennen
stellt sich wieder einmal die Frage nach der Wiedergeburt
oder wie Menschen das Weiterleben nach dem Tod beim
Namen nennen

Von all den Erlebnissen auf Erden
sind Träume die wundervollsten Lebenshilfen, die im
Gedächtnis bleiben werden

Ohne Träume wäre das Leben nicht zu ertragen
Sie sind die Urheber der Lebensfragen.

Ein Fest

In der Schreibecke zu hocken
und Reime anzulocken

gehört wieder zu einem Morgenvergnügen
Wie beim Aufwachen die Erinnerung an den Traum vom
    Fliegen

Die Flügel auszubreiten
und schwebend über die *casita* zu gleiten

die sich unsichtbar unter einer blauen Blütenpracht
    versteckt
Hat denn niemand entdeckt

fragt sich das kleine Vogelwesen
und denkt bekümmert: Ich kann gar nicht lesen

Aber fliegen und mich in meinem Nest in der *morning-
    glory* verstecken
aus dem gerade meine Kinder ihre Schnäbel heraus-
    strecken

Kriegst du sie denn alle satt, fragt meine Enkelin
Ja, sage ich, du weißt doch auf der Insel herrscht Tanit,
    die Insel-Göttin

die kein Lebewesen verhungern lässt
Die Blumenkinder machten daraus ein jahrzehntelanges
    Fest.

Traumdeuterin

Wieder einmal verlaufe ich mich
Dieses Mal beschließe ich
die unbekannte Landschaft zu erkunden
Ich habe eine Wegbegleiterin gefunden

Eine kluge Elster, die an mir interessiert zu sein scheint
Sie sitzt auf meiner Schulter und meint:
Ich zeige dir den Weg, vertraue mir
Dafür
Schenkst du mir deine glitzernde Uhr
Auf die schaust du doch nur

um festzustellen: Die Zeit läuft mir davon – gerade jetzt
Du verläufst dich nur, weil du ihr hinterher hetzt
ohne auf Orientierungs-Zeichen zu achten
würdest du wichtige Hinweise betrachten

Wäre ein Verlauf das was er ist
Deine Lebensfrist
Eine Elster als Beraterin
Keine üble Traumdeuterin.

Abendstern

Der Glasbehälter
der tagsüber das Sonnenlicht einfängt
hängt
nachts im Sabina-Baum

Dort leuchtet er
und strahlt hell wie der Abendstern im Traum
Ein Dutzend dieser Sterne würden die Terrasse vor der
    casita in ein geheimnisvolles Licht hüllen
Bei nächtlichen Wanderungen Wünsche erfüllen

Ein größeres Sonnenglas würde Lesestunden in der Nacht
    in ein Zauberlicht tauchen
Ohne Strom zu verbrauchen
Mit diesem Gefühl bin ich aufgewacht
Warum habe ich nicht schon früher daran gedacht

Wenn tagsüber die praktischen Gedanken fehlen
muss ich sie mir in der Nacht bei den Traumgeistern
    stehlen.

Kapriolen

Einfluss auf unsere Träume haben wir nicht
Nach einem Alptraum die Wirklichkeit wahrzunehmen
erfüllt mit Dankbarkeit und Zuversicht
Die Traumgeister ignorieren unseren sogenannten freien
    Willen
Unser mühsam erworbenes Gleichgewicht
und all die vielen
Vernunft-Gehilfen die uns tagsüber zur Seite stehen

Im Traum übernehmen wir die Macht
Das Tagesgeschehen
ist nur eine Seite deiner Wahrnehmung
Ohne uns, unsere Kapriolen in der Nacht
und unsere Geschichten
würden sie dir die Lebensfreude rauben – all die Tages-
    Schreckens-Nachrichten.

Rätselhaft

So sind sie – die Traumerlebnisse
farbenprächtig und jenseits der Wirklichkeit
Ohne Erkenntnisse
Aber eine Einheit

Oft wie ein Poem
von rätselhaftem Sinn
Ohne System
Verwirrend und beängstigend für die Träumerin

Wie ein Einblick in eine andere Welt
Eine verborgene Realität
unter dem unendlichen Himmelszelt
Für die Auseinandersetzung mit dem Traumphänomen
    ist es nie zu spät.

Lug und Trug

Alles ist schon einmal da gewesen
Die Bestandteile neu zusammen zu setzen
ist nicht nur eine Herausforderung – am besten
gelingt es, sie bedenkenlos umzusetzen

Träume nehmen sich diese Freiheit
Scheren sich weder um Verstand noch Moral
Nicht einmal um Zeit
So ein Traum hat keine Wahl

Er ist einfach nur Lebens-Ausdruck
Unabhängig von Lug und Trug.

Weiter

Träume aufzuschreiben ist ein ähnliches Vergnügen
    wie reimen
Es gelingt nur direkt nach dem Aufwachen
Einem
Traum, der mir gefällt, widme ich besondere Aufmerk-
    samkeit – er ist wie Lachen

Verschönert den Tag
Ist wie Unsinn machen

Was immer der Tag bringen mag
Träume sind meine Lebensbegleiter
Stufen auf der Erfahrungsleiter
Selbst dann, wenn ich mich wieder einmal auf einem
    unbekannten Weg verirre führen sie weiter.

Verführen

Den Traumgeistern habe ich meinen Erinnerungsschatz
    angeboten
Sie mischen die Fundstücke mit ihren eigenen – nach
    Geister-Art
Das Ergebnis ist entsprechend zwischen Science Fiction
    und Anekdoten
Wünsche spielen eine Rolle und die Beschäftigung mit
    Menschen die jetzt in ihrer Mitte weiterleben
In einer unendlichen Gegenwart
Ewigkeit eben

Manchmal bieten sie auch Lebenshilfen an
Erzählen von einer Welt in Frieden und mit den Tieren
Dann bedanke ich mich bei ihnen und nur noch dann
    und wann
lasse ich mich zu einer Fleischspeise verführen.

Wie Spuren im Sand

Träume sind mir noch lieber als Reime
Sie erzählen meist bizarre Geschichten
Halten sich an keine
Logik, keinen Rhythmus von Gedichten

Sind gleichzeitig geheimnisvoll – ein Traumwunderland
dessen Dasein verweht, wie Spuren im Sand
Es sei denn, der Glaube an Wunder ist eindrucksvoller
    als der an den Verstand.

Fisimatenten

Einer der drei wichtigsten Männer meines Lebens steht
vor der Tür
Wie hast du mich gefunden, will ich wissen
Du wolltest doch immer auf einer Sonneninsel leben –
die passt zu dir
Und du? Möchtest du noch viele Frauen küssen?

Die Musik ist so etwas wie ein Ersatz
Außerdem lieben mich inzwischen auch die Tiere
Unsere gemeinsame Zeit war nicht für die Katz
Bevor ich jetzt noch viel Zeit verliere

Verbringe ich einen Teil davon mit dir
Gegen meinen alten Hasen(knopf) hattest du ja niemals
etwas einzuwenden
Ich hatte mich vorübergehend von ihm getrennt, aber hier
werden wir uns wohlfühlen – ohne die früheren
Fisimatenten.

Schmetterlings-Welt

Manchmal kommt es vor, dass ich nicht mehr weiß:
War das Erlebtes oder ein Traum?
Dann setze ich mich unter den Sabina-Baum
und denke an Dschuang-Dsis Schmetterlingstraum
Und plötzlich ist es egal

Die Gefühle - geträumt oder erlebt - sind die gleichen,
    ich habe die Wahl
Und so entscheide ich mich für die Version, die mir am
    besten gefällt:
Für die Schmetterlings-Welt.

Vollbracht

Zwischen Traum und Reim
liegt versteckt der Alltag
Ich könnte ihn auch Trugbild nennen
Das mag
eher poetisch klingen, die sogenannte Wirklichkeit wäre
aber besser zu erkennen

Und falls ich dann ausgesöhnt sein werde
Am Lebensende in der *casita* mit meinen Katzen –nicht
allein
Werde ich sagen: Sie war die schönste aller Welten –
die Erde
Schon jetzt bedanke ich mich für all die Lebewesen,
die mich begleitet haben, bei der Höheren Macht
Sie hat die Erschaffung des Naturwunders Erde vollbracht.

Morgen-Vergnügen

Nachdem ich beschlossen habe: Bis heute und nicht weiter
Keine Verbesserungen mehr, keine Kletter-Versuche auf
    der Reim-Leiter
Mein Interesse gehört jetzt den Träumen
Sie aufzuschreiben ist ein Vergnügen am Morgen
Im Schatten von Sabina-Bäumen
wächst die Konzentration
Vogelgezwitscher verscheucht die Sorgen.

Abramakabra

So könnte ich es nicht erfinden
was in meinen Träumen passiert
Es ist wie herumirren in Labyrinthen
Verwirrend, gleichzeitig einfach und kompliziert

Vielleicht bin ich nur jemand
in einer Geschichte auf die ich keinen Einfluss habe
Sie geschieht, unabhängig von Verstand
Von der Wiege bis zum Grabe

Meistens nenne ich sie skurril oder makaber
Aber

Vielleicht ist sie Teil einer Einheit
zwischen Gegenwart und Vergangenheit
Auch dir, meine liebste Tamara,
gefällt der Titel der Traumgeschichten: Abramakabra.

Dichten

Angeblich werden Träume mit zunehmendem Alter
seltener und weniger farbenprächtig
Im Gegenteil
Erst jetzt sind sie so richtig
häufig - wie ein Vorurteil
das es nicht wagt eigene Erfahrungen
auszuprobieren
Sie könnten ja mit der herrschenden Meinung nicht
übereinstimmen
Verunsichern, irritieren
wissenschaftsgläubige Freunde verstimmen

Ich liebe ihre bizarren Geschichten
Sie verführen zum Dichten

Auf der Suche nach Gleichgesinnten traf ich auf George
    W. Domhoff:
"Träume sind eine Form des Denkens bei der alle Sinne
    ausgeschaltet sind – außer dem der Vorstellungskraft".

Im Reich der Träume

Zugfahrt

Der Zug, in dem ich unterwegs bin, gerät aus Gründen, die noch nicht bekannt gegeben werden, auf ein anderes Gleis. Alle Passagiere müssen aussteigen. Es ist ein großer Bahnhof auf dem alles vollautomatisch funktioniert, Menschen, Personal ist nicht zu sehen. Einige der mit mir gestrandeten Reisenden scheinen sich auszukennen und rennen auf einen Bahnsteig auf dem ein Zug steht, der sich gerade in Bewegung setzt. Im letzten Augenblick kann ich mit einem Farbigen, der mit mir gerannt ist, auf den schon fahrenden Zug aufspringen. Auch in diesem Zug gibt es kein Personal, und die Stimmen aus dem Lautsprecher sind in einer Sprache, die ich nicht verstehe. Vor Erschöpfung schlafe ich ein. Ich scheine lange geschlafen zu haben. Als ich aufwache sitze ich neben einem schönen, dunkelhäutigen Mädchen, das Englisch spricht. Ich frage sie, ob sie auch nach Berlin fährt. Sie schaut mich entgeistert an. Wir wären in einem Sonderzug nach Afrika, der ausschließlich für Immigranten sei, die in ihre Heimatländer zurückgebracht würden. Nach Berlin seien es schon ca. 2000 km. Wir sind uns sehr sympathisch, und sie hat offensichtlich Mitleid mit mir, denn ich habe als Gepäck nur meinen Bauchbeutel, trage eine ziemlich enge Hose und Stöckelschuhe. Sie würde mir erst einmal passende Klamotten besorgen, sagt sie und kommt nach kurzer Zeit mit einer hellen Leinenhose und Sandalen zurück, die erstaunlicherweise passen. Nachdem ich mich von dem ersten Schreck erholt habe, stelle ich fest, dass sich in meinem Bauchbeutel 2 Scheckkarten und mein Ausweis befinden. Geld würde ich nicht brauchen, erklärt mir das Mädchen, im Zug sei alles frei und wann er das nächste Mal halten würde, sei nicht bekannt. Sie erzählt mir, dass Deutschland ihre Heimat geworden sei, sie als Modell gearbeitet hätte und man sie gezwungen habe zurück zu reisen in ein Land, in dem sie niemanden mehr kenne. Wir erzählen uns Geschichten aus unserem Leben und werden uns immer sympathischer. Sie scheint in dem Zug eine Menge Leute zu kennen und besorgt mir einiges, was ich dringend brauche für die Nacht. Der Zug ist erstaunlich komfortabel, ich fange an mich wohl zu fühlen, und ich denke: Ich wollte immer schon einmal nach Afrika.

Nachtgebete

Ich schreibe eine Doktorarbeit über Träume. Meine Doktor-Mutter ist ganz angetan, rät mir aber, nur skurrile Träume zu erwähnen. "Die anderen kannst du in Geschichten umwandeln", meint sie. Ich frage mich, wieso sie meine Absichten kennt. "Und wie würdest du die nennen?" frage ich. "Nachtgebete", sagt sie. "Was ist der Unterschied", will ich wissen. Und sie: "Keiner".

Schönäugig

Tamara überredet mich, bei einem Museumsfest mitzumachen. Ich will nicht und möchte doch. Ich müsse mich sofort entscheiden, sagt sie. Es finde heute Abend statt, und wir müssten sofort losfahren – mit unseren Kunstwerken. Sie meint, sie mit Bildern, ich mit den Gedichtbänden. Ich schaue an mir herunter. Ich trage mein schwarz-buntes Tages-Nacht-Schlabberkleid aus Hippie-Zeiten.
Sie lacht. "Deine beiden schönsten Kleider nimmst du auch mit", meint sie.
Alles hat Platz in dem 10-kg-Standardkoffer, den Ryanair erlaubt.
"Du spinnst", sage ich und packe alles zusammen.
Als wir im Museum ankommen, wimmelt es von fein gemachten Menschen. Niemand nimmt Notiz von mir. Tamara kennt sich aus. Ich spüre, wie mich langsam meine Halsstarrigkeit überfällt und ein wachsender Kampfgeist. Tamara hatte einen kleinen Sonderraum organisiert. Zwischen den Gedicht-bänden im Koffer lag mein schönstes Chiffon-Seidenkleid. Ich hatte es noch nie getragen, weil es mir zu aufreizend erschienen war in all den Jahren.

Während ich unschlüssig auf das Kleid schaute, sah ich die Augen des Mannes vor mir, der mich als einziger angeschaut hatte, als ich in meinem schwarz-bunten Hippiekleid angekommen war. Tamara zerrte am Schlabberkleid und sagte: umziehen.

Unter dem Kleid trug ich, wie immer, gar nichts, und das Seidenkleid war durchsichtig.

"Egal", meinte sie, "Vermutlich kennt dich hier sowieso niemand, jetzt trau dich".

Ich traute mich. Erstaunlicherweise passte das Seidenkleid immer noch und mein Körper schien wie der aus der Zeit, als ich die Seide für das Kleid bemalt hatte. Ich schaute in den Spiegel und gefiel mir. Tamara sah zauberhaft aus, üppig in ihrem mauvefarbenen Ibiza-Gewand mit origineller, bestickter Weste. Außer einem Kajalstift hatte ich nichts zum Schminken dabei. Tamara entkorkte meine Halleluja-Zwiebel, wie Jordi immer den Dutt genannt hatte. Ich wusste gar nicht mehr, wie lange und schwer meine Haare herabfallen konnten. Dann betraten wir den Festsaal. Wir waren ein attraktives Paar, wie ich aus den Blicken entnehmen konnte. Mein altes Interesse an Vernissagen erwachte und ich begann, mich gut zu fühlen. Zwei interessante

Männer bemühten sich auf einmal um uns. Ich schaute dem Schönäugigen von vorhin in die Augen und wusste: das ist der Mann, mit dem ich den Abend verbringen möchte. Er war eher unscheinbar auf den ersten Blick, trug einen schwarzen Rollkragenpullover, schwarze Jeans - athletische Figur in schwarz. Der andere war ein Hippietyp mit langen Haaren, ziemlich verwegen gekleidet, markante Gesichtszüge mit einem forschen Lächeln.

Ich ging auf den Existenzialisten zu und sagte: "Da bist du ja."

Drachenbaum

Am Strand sehe ich einen Drachenbaum. In der Mitte des Baums ist so etwas wie ein Schlafplatz. Dahin möchte ich. Ich klettere hinauf und sobald ich auf dem Schlafplatz angelangt bin, erhebt sich der Baum in die Lüfte - unaufhaltsam. Seine breiten, einseitigen Äste sind wie Flügel, und ich fürchte mich nicht. Er trägt mich in ein Felsengebirge. Ich lande sicher auf einem Massiv mit einem traumhaften Blick über das Gebirge. Wie ich von da wieder in die Zivilisation kommen soll, weiß ich nicht. Aber zunächst genieße ich die Aussicht – ohne an danach zu denken.

Künstler-Asyl

Wir leben in einem Künstler-Asyl. Jeder hat ein Zimmer. Wir haben zwei, wir sind schließlich zu zweit. Meines ist das schönste, finde ich. Die Zimmer sind vom Flur her einsehbar, nur deins nicht, es liegt hinter meinem. Ein Asyl-Mädchen, das Asia heißt, ist meistens bei uns. Es ist hochbegabt, malt wunderschön und macht ansonsten was es will. Und bei uns darf es das. Das Bild, das es von sich und seiner Mama gemalt hat, gefällt mir besonders gut. Auf einem bunten Dreieck sitzt ein Ball als Kopf auf der Spitze.

"Ich kenne jemand, der es gerne kaufen würde", sage ich.

"Nein", sagt sie, "ich verkaufe meine Bilder nicht."

Malzimmer

Mit zwei besonderen Frauen, die beide Monika heißen, teile ich mir ein Malzimmer. Da unsere Betten auch in dem Raum stehen und es nicht wie ein Schlafzimmer aussehen soll, haben sie überall auf großen Leinwänden die fantastischsten Bilder gemalt, zum Teil sind es Kombinationen von Textil-Bildern, Skulpturen, Puppenköpfe und große Mosaiken. Die Farben leuchten schillernd-golden wie Kristalle. Ich bin wie hypnotisiert und will wissen, wo man solche Farben kaufen kann. "Kaufen", wiederholen sie lachend, "sie glaubt Leuchtkraft könne man kaufen", sagt die Monika, die den Fensterplatz im Malzimmer belegt hat. Deine Sprach-Bilder sind zu brav, sagt sie, ihnen fehlen schillernde Traumpassagen. Sie weiß das, sagt die andere Monika, sie brauche noch Zeit. Abstrakt möchte ich schreiben können, denke ich laut und kichernd sagen die Monikas: "Mach doch einfach Reime aus deinen Träumen".

Kinkerlitzchen

Wir – ein paar Frauen, die sich nicht kennen – sitzen in einem großen, schönen Raum. Die Tür zu einer weiten Terrasse steht offen. Wir würden lieber auf der Terrasse sitzen, aber die Gastgeberin redet ununterbrochen und keine wagt, sie zu unterbrechen. Schließlich mache ich den Vorschlag, dass jede von all den vielen ausgesuchten Kleinigkeiten wie Blüten, Zweigen, Kissen, Kinkerlitzchen ein kleines Bild zusammenstellt und es der anderen für die Zeit des Zusammenseins schenkt. Alle wollen mitspielen. Eine schüchterne Frau, die sich gleich fast versteckte, fragt, ob sie auch ein Gedicht machen dürfe und ob man auch Materialien benutzen dürfe, die außerhalb der Terrasse zu finden wären, will eine andere wissen. Plötzlich ist jede auf der Suche nach einem Plätzchen, an dem das Kunstwerk entstehen könnte. Ich selbst habe nicht die geringste Idee und schaue fasziniert, wie um mich herum Collagen entstehen, jemand das alles per Handy festhält und die große Terrasse allmählich zu einem künstlerischen Wirkungsfeld wird. Neben dem kleinen Seerosenteich entsteht auf einer Tischdecke ein Blütenblätter-Bild mit Hügelchen brauner Piniennadeln, die von weißen Kieselsteinen wie ein Dach bedeckt sind. Jede ist konzentriert mit ihrem eigen "Kunstwerk" beschäftigt, nimmt zwischendurch das Werkeln der anderen zur Kenntnis und sagt kein einziges Wort. Der Nachmittag vergeht wie im Flug und erst dann fällt mir auf, dass ich selbst kein Geschenk zustande gebracht habe, außer das alles mit wenigen Worten festzuhalten.

Meine berühmte Freundin

Eine ungewöhnliche Frau – freiheitsliebend, selbst-
bewusst, attraktiv und kämpferisch – will mich als
Partnerin, auch in der Öffentlichkeit. Das will ich
nicht, und ich sage ihr das. Aber sie besteht darauf.
Ihre "Auftritte" will sie nur mit mir zusammen
machen und lässt mich so verkleiden, dass ich nicht
wiedererkannt werde. Das gefällt mir. Aus meinem
Dutt macht sie meine alte wuchernde Haarmähne,
die mir natürlich wieder gefällt, und so stehe ich an
ihrer Seite, wenn sie eloquent ihre Philosophie
verbreitet. Meine Zurückgezogenheit gefällt ihr, und
hin und wieder erwähnt sie unseren Rückzugsort,
ohne ihn genau zu beschreiben. Meine Freundin
beschreibt Träume, sagt sie dann zum Schluss.

Stimmungen

Ich bin in einem Land, dessen Sprache ich nicht verstehe. Wir unterhalten uns mit Stift und Papier, machen Zeichnungen. Bald gehen wir zu Symbolen über. Die jungen Leute sind neugierig. Wir entwickeln eine Schreibzeichen-Sprache. Farben spielen eine große Rolle. Sie drücken Stimmungen aus. Meine Lieblingsfarbe ist gelb. Sie steht für Melancholie. Geantwortet wird meistens mit violett – Zuversicht. Alle Zeichnungen bestehen aus Farbmischungen. Langsam verlerne ich das Sprechen. Ich vermisse es nicht.

Leuchtende *Nísperos*

Ich bin in einem kleinen, idyllischen Dorf, schaue aus dem Fenster meines Häuschens und sehe einen *Níspero*-Baum*. Er wächst wie eine Hecke, ist voller Früchte. Als ich sie pflücke, stelle ich fest, dass es keine Früchte sondern kleine Glühbirnen sind. Die Dorfbewohner lachen bei meinem Erstaunen und erklären mir, dass die Sonnenenergie sie zum Leuchten bringt. Nur essen dürfe man sie nicht. Die Großmutter (Mutter von Papa) steht da, schaut mich ernst an und sagt: Ich hätte gar nicht geglaubt, dass du kommen würdest. Aber ich bin doch immer zuverlässig gewesen, sage ich. Da lächelt sie und meint: Aber aufs Dorf zurückkommen wolltest du nie.

* Span. Mispelbaum

Alte Freundin

Mit einer Gruppe von Bekannten und Freunden sitze ich am Meer. Von weitem kommt eine Frau auf uns zu mit traurigem Gesichtsausdruck. Keiner fordert sie auf, sich zu uns zu setzen. Ich kenne sie nicht. Irgendetwas an ihr erinnert mich an meine langjährige Freundin aus WG-Zeiten. Als sie schon fast vorbeigegangen ist, stehe ich auf und lege einen Arm um sie. Ihre braune Haut duftet nach Sonnenöl. Sie lässt sich von mir umarmen und fragt:

"Kennst du mich nicht mehr?"

"Doch", sage ich, "du bist Maria, die einmal meine beste Freundin war".

"Du hast dir eine bessere ausgesucht", sagt sie und fängt an zu weinen.

Ein Freund

P. schlägt ein Treffen vor. Jeder möchte das mitbringen, was ihm noch wichtig ist. Er kommt mit vielen Bildern, stellt sie alle gegen die Bücher, die wir mitgebracht haben. Die Bilder gefallen mir nicht. Das sage ich ihm nicht, obgleich ich ihm immer alles sagen konnte, was ich dachte. Meine Gedichtbände stehen ebenfalls hinter seinen Bildern – alles unter einem großen, runden Tisch. Tamaras Bilder passen nicht darunter. P. schaut sie sich interessiert an – kommentarlos. Seine Frau hat ihre Enkelin mitgebracht. Sie ist von Tamaras Bildern fasziniert. Wir sind alt geworden, nur Jordi ist jung geblieben.

Meine Enkelin

Ich treffe mich mit einem schönen jungen Mädchen. Sie will bei mir wohnen. Sie ist völlig chaotisch, schlägt eine Bar vor, wo wir uns treffen könnten und erscheint auch pünktlich. Allerdings bestellt sie für Unsummen verschiedene, teure Gerichte. Ihre Mama habe ihr Geld gegeben und das müsse sie jetzt ausgeben. Der Barbesitzer nimmt sie liebevoll in die Arme und wischt ihr die Essensreste ab. Ihr Auto springe nicht an, ob sie mit mir fahren könne. Ich bin schon fast bereit dazu, als hinter ihr ein bunt-tätowierter Jüngling auftaucht. Mein Verlobter, stellt sie ihn vor. Will der auch bei mir wohnen, frage ich. Nur nachts, meint sie. Ich stelle mich als die Großmutter vor, da sucht er das Weite.

„Ach", sagt sie, „Verlobte habe ich viele, aber Großmütter nur eine".

Erst da erkenne ich meine Enkelin.

Ein Kritiker

Jemand will mich davon überzeugen, ein Bild, das ich für gelungen halte, umzugestalten – ich weigere mich. Der am rechten Bildrand aufragende Baum wirke wie ein Phallus. Mir gefällt meine Komposition. Wenn ich die Augen schließe, sehe ich in diesem „Phallus" einen Rosenbaum. Die Rosen sind verblüht. Dicke Samenbehälter leuchten wie reifende Äpfel in der Mittagssonne. Plötzlich weiß ich, dass ich das Bild des kleinen Gartens vor meinem Elternhaus vor Augen habe, die beschnittene Hecke aus der hoch eine Kletterrose in den Himmel wächst.

Verwechslung

Ich bin auf der weltbekannten Modenschau – als Einkäuferin. Ich darf einkaufen, was immer mir gefällt, für eines der besten Modehäuser. Als erstes kaufe ich – für mich – das schönste Modell, auf das mein Blick fällt, und ziehe es sofort an. Es ist von Mora. Mora selbst ist nicht zu sehen. Im Gegensatz zu meiner Vorliebe für originelle, bunte und gewagte Ibiza-Modelle wende ich mich bewusst dezenten und teuren „Ausgaben" zu, die mir aber auffallen durch ihren Stil und ihre Originalität. Mein Auftrags-Haus ist in Hamburg. Leider fehlt mir jede Kompetenz beziehungsweise Verhandlungstechnik, wenn es um Preise geht.

Ich treffe eine interessante Einkäuferin, die ich kenne, aus alten Zeiten, als ich noch für einen amerikanischen Kapitän in Mainz arbeitete, als Sekretärin. An die Zeit habe ich schon lange nicht mehr zurückgedacht, an sie ebenso wenig. Natürlich hatte ich ihren Namen vergessen. Sie erinnert sich sofort an meinen und hilft mir, die Bestellungen – nach Preisverhandlung – auf einer Kartei zu notieren. Ich wundere mich, dass alle besonders freundlich zu mir sind. Es habe sich herumgesprochen, dass Franz mein Freund sei, höre ich, als ich nach dem Grund frage. Franz ist der Veranstalter, der Messe-Verkaufstage, was ich nicht wusste. Woher ich ihn denn kennen würde, wollte man wissen. Er ist mein Nachbar gewesen, früher, und lebt immer noch in seinem Haus neben meinem Elternhaus, sage ich. Ich liebe sowohl die klassischen, anspruchsvollen, als auch die von unbekannten Autoren. Und plötzlich wird mir klar, dass ich keine Klamotten, sondern Bücher einkaufen soll. Ich komme mir völlig größenwahnsinnig vor. "Das kann ich", sage ich zu mir und bin ganz stolz auf mich.

Peseten-Versteck

Eine Freundin weiht ihr neues Atelier ein. Sie verbindet das mit einer Ausstellung traumhaft schöner Seidengewänder. Fast alle haben Katzen-Motive, in Tamaras Mittsommer-Farben. Der Verkauf ist angeblich für einen guten Zweck. Ein Gewand kostet eine Million Peseten. Das Schönste – mitten in den leuchtenden Farben ist Puschi zu sehen, ihre gelb-grünen Augen funkeln – will sie für sich. Es ist das einzige, was auch mir gefällt, aber sie würde es nur für eine Million Peseten hergeben. Warum Peseten, will ich wissen.

„Jeder hat doch noch Peseten versteckt", sagt sie.

Verschleierung

Tamara und ich nehmen an einer Ausstellung in Paris teil. Plötzlich entsteht ein Tumult und Tamaras Bilder sind in Gefahr. Wir versuchen, sie zusammenzustellen und umwickeln sie mit einem Band. Zwei verschleierte Frauen helfen uns dabei. Der einen verrutscht der Schleier und ich sehe auf einen Stoppelbart.

„Ist es nicht gefährlich, sich als Frau zu verkleiden", flüstere ich ihm zu.

Und er: „Ist es nicht gefährlich, auf einer islamischen Ausstellung freie Bilder auszustellen?"

„Aber wir verstecken uns doch nicht dahinter", antworte ich.

„Das ist ja gerade das Gefährliche", sagt er, und sie bieten uns ihre Verschleierung an.

Ich möchte das Angebot annehmen, aber Tamara sagt: „Nein".

Jedermann

Renele, meine Freundin überredete mich zu einem Bad-Cannstädter Künstlerfest mitzukommen.

"Es wird dir gefallen!", sagte sie, „ich habe es organisiert, ein großes Zelt, Mittelding zwischen Disco und Dorfkirmes, hier deine VIP-Karte und stell dich auf eine Leibes-Visitation ein – Islamisten-Gefahr", sagt sie und ist auch schon entschwunden.

Ich betrete den sogenannten "Ballsaal". Sie wiederzufinden wäre so wie eine Stecknadel im Heuhaufen zu finden. Wie auf dem Oktoberfest, denke ich. So wie ich mir ein Oktoberfest vorstelle, denn ich bin niemals auf einem gewesen. Alles ist in flimmerndes, sanftes Licht getaucht. Wie findest du hier jemals wieder heraus, denke ich und lasse mich erschöpft in einer nostalgischen Ecke nieder, wie in Rias Bar höre ich Meeresrauschen.

„Es darf zum Tanz aufgefordert werden", flimmert eine Leuchtschrift auf. Wie entzückend, denke ich, und plötzlich steht ein Mann vor mir und sagt, wie in alten Zeiten: „Darf ich bitten".

Was für ein interessanter Mann, stelle ich fest und wie schön er einmal gewesen sein muss. Und im selben Augenblick weiß ich: Helge, mein Liebhaber aus alten Zeiten. Er sieht Maximilian Schell ähnlich, geht es mir durch den Kopf – auch damals schon. Da war er Medizinstudent und hatte einen Liebhaber – nebenher.

„Wir haben nur zehn Minuten, dann beginnt meine Vorstellung", meint er, und das alte charmant-verführerische Lächeln huscht über sein Gesicht.

„Bist du nicht Arzt geworden", will ich wissen.

„Doch, doch, aber jetzt spiele ich den Jedermann, weißt du nicht mehr, Schauspielen war doch mein Nebenberuf".

„Ich weiß nur noch, dass ich deine Nebenfrau war", grinse ich, und wir betreten die Tanzfläche. Tango-Musik.

„Ja, richtig, da war doch dieses französische Tango-Mädchen. Wurde sie nicht deine Frau?"

„Ja, meine erste, du warst ja schon verheiratet".

Und dann tanzen wir, und ich schaue meinen schönen, alten Jedermann an.

„Wie lange ist es her?", frage ich.

Und er sagt: „Fünfunddreißig Jahre".

Ohrringe

Jordi und ich sind mit dem Wohnwagen unterwegs. An der türkischen Grenze schaut mich der Grenzbeamte lange an und bittet mich dann, die Ohrringe abzunehmen, die ich mir auf einem Flohmarkt in Griechenland gekauft hatte. Sie sind sehr auffallend bunt und überdimensional.

Die dürfe ich nicht mitnehmen in sein Land, sagt er freundlich.

Auf meine Frage, warum, sagt er, sie seien pornographisch.

Zum ersten Mal schaue ich sie mir genau an. Als ich sie kaufte, sah ich in der Darstellung ein Affenpärchen, das sich liebevoll umarmte. Bei genauerem Hinsehen musste ich feststellen, dass sie sich nicht nur umarmten sondern kopulierten, und dass einer der Affen ein Mensch war.

Drogen-Suche

In einer Flohmarkt-Halle in Istanbul habe ich einen Beutel voller Kinkerlitzchen gekauft, als Geschenke für meine Lieben zuhause.

An einem Schmuckstand gehen plötzlich die Lichter aus, und als sie wieder angehen, sind Polizisten dort, die die Taschen der Besucher durchwühlen. Ich habe ein schlechtes Gewissen, weil Jordi wieder etwas geklaut haben könnte.

Während wir bei den letzten sind, deren Taschen noch durchsucht werden, winken die Polizisten uns plötzlich durch. Sie hatten einen wohl situiert aussehenden Mann festgenommen, und meine Freundin, die türkisch sprach, hatte verstanden, dass sie nicht nach geklauten Kinkerlitzchen, sondern nach Drogen suchten.

Wasser für Buri

Meine alte Freundin Renele und ich sind mit Buri, unserem Rottweiler, in einem Luxus-Hundeparadies. Die Hunde dürfen alles machen was sie wollen, nur Wasser gibt es nicht. Das muss man in einer weit entfernten Wasser-Anlage holen.

Ich mache mich auf den Weg, während Renele bei Buri bleibt, der fast am Verdursten ist. Schließlich erreiche ich die Wasserstelle. Ich schütte alles aus allen Behältern in einen großen Eimer und haste zurück. Aber ich kann mich nicht mehr genau an die Stelle erinnern, an der ich Renele und Buri zurückgelassen habe.

Schließlich erreiche ich eine Bank, die mir bekannt vorkommt. Darauf sitzen Frauen und sagen zu mir: „Du hast es gut, eine solche Freundin zu haben, die bei deinem Hund bleibt, der am Verdursten ist".

Ich finde beide, aber Buri mag das Wasser nicht, es ist salzig.

„Das lassen wir durch einen Salz-Filter laufen", sagt Renele.

Au-Pair

Ich bin Au-pair-Mädchen in London. Die Lady des Hauses behandelt mich wie eine exotische Pflanze. Sie überlässt mir außerdem ihr ganzes Haus. Sie selbst lebt mit ihrem Mann in einem Wintergarten – hinter dem Haus. Ich darf Möbel umstellen, meine Freunde einladen, alles, was mir gefällt, solange das Haus, wie sie es nennt, ordentlich aussieht.

Eines Tages inspiziert sie wieder einmal die große *sala* und stellt fest, dass der schmale Läufer, der wie ein Pfad quer durch das Wohnzimmer verläuft, gut aussieht. Auf eines würde sie mich gerne aufmerksam machen, sagt sie und schaut auf meinen Rücken.

Oh je, denke ich, meine schlechte Haltung!

Dann sagt sie, wenn ich mich gerade heraus verhielte, würde ich weniger Anstoß erregen.

Strelitzia reginae

Wir, meine Freundinnen Tamara, Monika und Irmela, eröffnen ein internationales Künstler-Hotel. Es besteht aus idyllisch gelegenen, stilvoll renovierten, alten, kleinen *fincas* in der Nähe von San Lorenzo und hat eine große Galerie, Malräume und Außenwerkstätten für Bildhauer. Monika ist für ein wöchentliches exquisites Menu zuständig. Tamara für Malunterricht unter freiem Himmel und Irmela für Kunstunterricht und Tierversorgung. Ich begrüße die Gäste und biete – nach Wunsch – Seiden-Malkurse an. Monikas Kochstunden sind besonders beliebt, vor allem auch deshalb, weil sie in längeren Schmorphasen über lesenswerte Bücher spricht. Wer Lust hat, kann ein eigenes Tagesprogramm zusammenstellen, an dem derjenige teilnimmt, der sich besonders angesprochen fühlt.

Monika hat oft die meisten Teilnehmer und sagt: „Kunst geht durch den Magen".

Irmela ist vor allem mit all den Tieren beschäftigt, die uns zulaufen und die von den Gästen mitgebracht werden. Erstaunlicherweise gibt es wenig Ärger zwischen all den Vierbeinern, und wenn ja, gibt es

Strandspiele im Sand und im Wasser. Die Kosten werden von den Ausstellungen gedeckt, die regelmäßig stattfinden, in denen all das verkauft wird, was von den Künstlern in der Zeit ihres Aufenthalts hergestellt wird. Auf der Suche nach einem Namen für unser Hotel sind wir noch zu keinem Schluss gekommen, nur ein Wahrzeichen haben wir schon: den Paradiesvogel.

Nennen wir es doch Strelizia reginae schlage ich vor.

Verschönerung

Jemand überredet, mich, anlässlich einer Lesung aus meinem Roman *Ojalá* diverse Verschönerungsmaßnahmen vornehmen zu lassen, damit ich jünger aussehe.

„Außer Schönheits-OP alles", sage ich und bemühe mich, den Anweisungen der Zuständigen zu entsprechen. Was mir sehr peinlich ist, ist die Tatsache, dass mein linkes Ohr fehlt. Die Ohr-Atrappe rutscht immer wieder heraus, und ich muss sie geschickt wieder an ihren Platz rücken. Das erfordert fast so viel Konzentration wie das Lesen selbst.

Zufrieden stellen meine Helferinnen nach getaner Arbeit fest, ich sähe 15 Jahre jünger aus.

„Das sah ich vorher auch", antwortete ich. „Weshalb soll ich eigentlich jünger aussehen", will ich wissen.

Kein Verlag will den Debut-Roman einer alten Frau, heißt es.

„Da bin ich eben eine Ausnahme", sage ich und erschrecke gar nicht über meinen Hochmut.

Verlaufen

Ich habe mich verlaufen. Eine Frau findet mich, nimmt mich mit nach Hause. Sie sieht, dass ich durchgefroren bin und steckt mich zu ihrem Mann ins Bett, der Frauen mag, aber nicht mehr an Sex interessiert ist.

Am Frühstückstisch sitzen wir – ich in seinem Schlafanzugoberteil, er in der Schlafanzughose. Ich wohne im sogenannten Pfarrhaus, das eher eine Pfarr-Scheune ist. Das Dorf ist circa zwei Kilometer entfernt. Dort wohnten ihre besten Freunde, mit denen sie mich bekannt machen möchte. Als wir sie treffen, weiß ich, dass ich sie kenne.

„Du kennst uns wohl nicht mehr", meint die Freundin und nestelt in ihren langen, weißen Haaren.

„Du bist Karin", sage ich.

„Karin Struck, kannst du dich noch an unsere Kopenhagenreise erinnern?" fragt sie.

„Und ob", sage ich, „du hast nach deiner Lesung den schönsten Mann im Saal verführt."

Sie lacht. „Immerhin habe ich ihm nicht meine Unterhose zugeworfen".

Der Mann lacht, „gleich bekommen wir noch Besuch".

Das Scheunentor öffnet sich und herein fährt eine alte Freundin in einem alten 2 CV. Vor langer Zeit hatten wir nicht nur unsere Männer, sondern auch unsere Autos getauscht und uns dann aus den Augen verloren, nicht aber aus dem Sinn.

Gefährlich

Mit einer schönen, jungen Frau fahre ich auf einen Berg, wo sie ihren Liebsten treffen will. Als wir ankommen, sind schon viele Menschen da, die gebannt in den Himmel schauen.

An einem Zeppelin veranstaltet ein Luftakrobat Kunststücke.

„Das ist er", sagt sie stolz.

„Hast du keine Angst, weil er so gefährlich lebt", frage ich.

„Doch", sagt sie, „aber deswegen habe ich ihn mir ja ausgesucht."

Jenseits-Paare

Ich fahre zu einem 'Hotline-Sterbetreffen'. Da treffen sich Paare, bei denen einer demnächst stirbt, der aber möchte, dass seine Partnerin noch zu seinen Lebzeiten einen anderen Partner findet, von dem er denkt, dass sie bei ihm gut aufgehoben ist. Der Raum ist voller alter Paare, die in Reihen auf bequemen Bänken sitzen und auf den Redner warten, der die 'Spielregeln' erklären will.

Während wir warten entstehen erste Kontakte und Jordi hat sich ein Paar ausgesucht, in der Reihe vor uns. Die Frau, die demnächst sterben wird, gefällt ihm und er findet, dass ihr Mann absolut geeignet für mich sei. An den Redner, der noch alle Einzelheiten erklären soll, sind 100.- zu zahlen, die beim Zustandekommen des Abkommens zurückgezahlt werden, im anderen Fall sind die 'Gebühren' für die Bemühungen.

Wir sind in intensivem Gespräch mit einem sympathischen Paar und beschließen, nicht auf den Redner zu warten, weil wir ja schon passende Gleichgesinnte gefunden haben. Es stellt sich heraus, dass unser Paar schon immer von einem Nachleben nach dem Tod überzeugt war und nur einen Vertrag mit einem anderen Paar machen will, das ebenfalls von diesem 'Zwischenleben', wie sie es nennen, überzeugt ist, und im Jenseits wieder zu einer 'Rückgabe' des Partners bereit ist.

Jordi glaubt zwar nicht an ein Jenseits, da ihm aber die Frau gefällt, ist er mit der 'Diesseits-Vereinbarung' einverstanden. Wir gehen zu einem Italiener zum Essen, und es stellt sich heraus, dass wir unendlich viele gemeinsame Vorlieben haben, und wir setzen unseren Vertrags auf. Von Trauer ist keine Rede, weil wir ja nur vorübergehend getrennt sind und beschließen an diesem besonderen Abend einen gemeinsamen Spaziergang am Meer. Das Treffen findet in Es Canar statt. Während wir bei Vollmond die Cala Nova entlang gehen, kommt uns der Gedanke, ab sofort auszuprobieren, ob denn diese vorübergehende Partnerbeziehung auch funktionieren würde, was doch sehr beruhigend wäre.

Jordi und die fremde, demnächst sterbende Frau sind ganz angetan von dem Vorhaben. Ich habe Bedenken und einen ganz anderen Vorschlag: Warum wollen wir nicht zusammen im Jenseits in alter Paar-Konstellation unsere neue Freundschaft fortsetzen? Und so nehmen wir uns an der Hand und gehen gemeinsam ins Meer.

Reisebegleiter

Meine Freunde haben anlässlich meines Geburtstags gesammelt. Sie wollen mir eine Reise schenken mit einem Reisebegleiter an den Ort, an den ich möchte. Ich könne so lange bleiben, wie das Geld reicht.
„Darf ich auch auf meiner Insel bleiben?", frage ich.
„Und als Reisebegleiter hätte ich gerne einen Hund."

Berühmt

Man beauftragt mich, eine Bilderausstellung zu organisieren. Ich stimme zu, unter der Voraussetzung, Maler und Malerinnen auszusuchen, die zwar bekannt aber noch nicht berühmt sind.

Bei dem Wort berühmt fällt mir folgende Geschichte ein: Vor vielen Jahren stellte meine Freundin Tamara einem berühmten Galeristen in München eine Auswahl ihrer Bilder vor. Der schaute sie alle interessiert an und gab sie ihr zurück mit der Bemerkung: „Mädl, komm wieder, wenn du berühmt bist".

Ich suchte also Bilder von noch nicht berühmten Malern aus. Die Ausstellung wurde ein großer Erfolg, vor allem auch deswegen, weil der 'berühmte' Galerist alle Bilder meiner noch nicht berühmten Freundin haben wollte.

Sie kicherte zufrieden als ich ihr den Traum erzählte und meinte: „Wie du weißt, ist Freud der Meinung, dass alle Träume Wunschträume sind".

Wechsel-Geld

Ich besuche eine Bekannte, die in einem Viertel in Berlin lebt, in dem die sozial Minderbemittelten leben. In einer Bar, in der ich einen Kaffee trinke und eine Kleinigkeit esse, werde ich gemustert und als nicht zugehörig eingestuft, wie ich an den Blicken erkennen kann. Ich ziehe meine alte, aber teuer aussehende, schwarze Wildlederjacke aus und hänge sie über die Schulter.

Als ich bezahlen will, warte ich lange auf mein Wechselgeld und gehe dann an den Tresen, um zu sagen: „Ich bekomme bitte noch Wechselgeld".

Das Mädchen verschwindet hinter einem Berg von schmutzigem Tassen und Tellern und kommt schließlich mit einem Teller zurück, auf dem Gummibärchen liegen.

„Statt Wechselgeld", sagt sie und schaut mich feindselig an. Ich überlege eine Weile und entschließe mich dann zu gehen. Ganz schön feige, denke ich, und: Immer willst du dazugehören, obgleich du doch anders bist.

Und so stiefle ich mit meinen schönen, deftigen Fellstiefeln davon, die zwar originell, aber reichlich schwer sind.

Ein bunter Hund

Mit Tamara und Tuljan, unserem Boxer mache ich unseren Lieblingsspaziergang an die Hecke-Miel*. Wie immer findet Tamara unterwegs etwas zu essen. Begeistert geht sie auf einen großen Strauch zu, an dem dicke, blau schimmernde Beeren wachsen. Die kenne ich seit meiner Kindheit und habe keine Ahnung, wie sie heißen, und auf den Gedanken, sie zu essen, bin ich nie gekommen.

„Schmecken wie sieße Rummele"*, pflegte Oma zu sagen.

Tamara bietet Tuljan eine an, und der ist ganz vernarrt in die süße Rübe. Er kann gar nicht genug davon kriegen. In der Hecke-Miel angekommen, stellen wir fest, dass Tuljan gar nicht mehr bei uns ist. Tamara macht sich Sorgen. Ich lache und erzähle ihr, dass Tuljan im Nachbardorf Beltheim lange eine Freundin hatte und den Weg in- und auswendig kennt. Manchmal riefen mich die Besitzer der schönen Hundefreundin an, und ich musste ihn abholen, wenn er sich freiwillig nicht von ihr trennen wollte. Tuljans Halsband hatte ein Mini-Täschchen mit unserer Telefonnummer.

„Machst du dir auch sonst keine Sorgen, wenn Tuljan einfach plötzlich unauffindbar ist", will Tamara wissen.

„Der kennt sich aus und ist bekannt wie ein bunter Hund hier auf dem Land, schließlich ist er der Hund von dem Städter, der meint, das Recht, eine Freundin im Nachbardorf zu haben, hätte jeder bunte Hund", lache ich, und bin wieder einmal glücklich in meinem alten Zuhause.

* Hecken-Mühle

Die Geisha

Durch Zufall gerate ich in Japan in eine kleine exquisite Gesellschaft. Die Gastgeberin ist eine Ex-Geisha und bewirtet ihre Gäste mit ausgesuchten Köstlichkeiten, die sie individuell auf einer bemalten Seidenserviette darbietet. Ich bin als Ausländerin völlig beeindruckt von der kunstvollen Höflichkeit und trage eines von der Gastgeberin handbemaltes Seidengewand. Fasziniert schaue ich auf ihre Hände, die ziemlich groß sind, und plötzlich wird mir klar, dass die Geisha ein Mann ist.

Der liebe Gott

„Deine Mama glaubt nicht an den lieben Gott", sagt Oma.

„Das heißt, sie glaubt nicht daran, dass er lieb ist?"

„Wie ist er denn?" will ich wissen.

„Strafend", sagt Oma.

„Aber niemand ist immer strafend", wende ich ein.

„Gott schon", sagt Oma, und dann zieht sie sich in ihren Lehnstuhl zurück und betet den Rosenkranz.

Einladung

Ich werde eingeladen auf ein Schloss. Ein persönlicher Diener steht mir zur Verfügung, der mir die Wünsche von den Augen abliest und sich dezent im Hintergrund bereit hält. Bei dem allabendlichen candle-light-dinner achtet der Schlossherr auf meine kleinen Vorlieben. Die Schlosskatze darf unter meinem Stuhl sitzen, und ein Sträusschen Salbei steht in Reichweite und der Weißwein, meine Lieblingsmarke *El Coto* wird nicht kalt sondern in Zimmertemperatur serviert. Den Schlossherrn habe ich nie vorher gesehen, seine angenehme Stimme kommt mir aber bekannt vor. Obgleich ich einen solchen Luxus nur aus Büchern kenne, fühle ich mich so wohl wie als Kind in der 'Gud-Stuw', was meistens nur an Weihnachten oder an Kirmes der Fall war. Im Anschluss an das Dinner sitzen wir, eine kleine Gruppe angenehmer Gäste, die ich alle nicht kenne, am Kamin. Ein Vorleser liest aus Jonas Lüscher's *Kraft* und in der anschließenden Diskussion höre ich mich plötzlich den Schlossherrn fragen, wie es zu dieser wundervollen Einladung gekommen sei.

Alle schauen erstaunt, und der Schlossherr sagt: „Sie

haben den Preis für den besten Vortrag über das Liebesverhältnis von Virginia Woolf und Vita Sackville-West bekommen. Auf diesem Schloss hat die Liebesbeziehung der beiden angefangen".

(Ich hatte am Abend einen beeindruckenden Film über die 20-jährige Freundschaft zwischen den beiden gesehen).

Schwangerschaft

Ich bin in einem großen Zentrum für Gebärende. Zur Verfügung gestellt wird nur ein Bettenlager, jeweils für vier Frauen. Meine Nachbarin ist 37 Jahre alt und erwartet ihr erstes Kind. Mein Alter will ich ihr nicht sagen, sie würde es nicht glauben. Wer mich eingewiesen hat, weiß ich nicht. Ich habe zwar den Bauch einer Schwangeren, aber ich erwarte kein Kind. Ich bleibe einfach da und sehe, wie rechts und links die Kinder zur Welt kommen.

Wenn ich zwischendurch einen Rundgang mache, ist mein Lager danach an einer anderen Stelle. Lange bekomme ich keinen Besuch. Dann kommt Tante Lena – sie habe nichts von meiner Schwangerschaft gewusst, sagt sie.

Ich lache: „ich auch nicht".

Nachdem fast alle Frauen mit ihren Neugeborenen abgereist sind, bringt man mich zu einer Station, wo die Geburt eingeleitet werden soll. Wer mich denn eingewiesen habe, will man wissen.

„Der Pathologe", sage ich.

Eine alte Freundin und ihr neuer Seelenfreund

Zu einem Fest bin ich eingeladen. Dazu muss ich nach Barcelona fliegen. Als ich dort ankomme, fehlt mein Koffer. Ich suche Malina auf, die in Barcelona lebt. Sie freut sich und stellt mir ihren neuen, rothaarigen Freund vor. Sie reden in einer Sprache, die ich nicht verstehe. Dann sagt er, dass er Katalane sei. Sie zeigt mir das Gästezimmer in ihrer hübschen, kleinen Wohnung, weil sie davon ausgeht, dass ich über Nacht bleibe. Die Küche sei so hässlich, meint sie, deswegen könne sie nicht hier wohnen bleiben. Dem Rothaarigen scheint die hässliche Küche egal zu sein. „Hauptsache du bist hübsch", sagt er und lächelt, wie ich finde, ein wenig dümmlich. Aber Malina scheint mit ihrem neuen Seelenfreund, wie sie ihn nennt, zufrieden zu sein.

Anne Ladiges

Auf der Treppe zur Scheune höre ich ein Geräusch. Ich öffne die Tür und sehe zwei Personen, die ich nich kenne.

„Wir wussten nicht genau, ob wir klingeln sollten", sagte die Frau.

Ich bitte sie hereinzukommen, und es stellt sich heraus, dass sie jemanden suchen, der ihnen hilft, für ihren begabten Sohn einen Verlag zu finden.

„Und wieso seid ihr da auf mich gekommen?", will ich wissen.

„Na ja, wir wohnen hier im Dorf und wissen, dass du schreibst, da dachten wir, du kennst dich aus, was Verlage betrifft."

Der Sohn ist sechzehn Jahre alt und schreibt Gedichte, die mir gefallen. „Ich denke darüber nach", sage ich, „ich kenne eine Kinderbuch-Autorin, die sich da besser auskennt, sie heißt Anne Ladiges".

Da leuchten die Augen der Frau auf, und sie sagt: „Für sie hat mein Sohn geschwärmt, eines ihrer Bücher haben sie in der Schule gelesen."

Nach dem Traum habe ich Anne gegoogled. Ich hatte, seit wir nach Ibiza gingen, nichts mehr von ihr gehört. Sie ist genau vor einem Jahr gestorben.

Als ich vom Tod einer alten Freundin erfuhr

Sie sagt, sie würde mit mir durch dieses Tunnelloch fahren, um zu beweisen, dass es nicht in den Abgrund führe.

Wir steigen in einen Schlitten ein und sausen ins Dunkle, immer schneller. Als die Luft eisig wird, halten wir uns an den Händen und zählen.

„Wieviel Sekunden noch?", frage ich ganz leise und Anne sagt: „Gleich werden wir es wissen".

Gasthörerin im Traum-Seminar

Ich gehe in die Uni. Das Semester hat schon angefangen. Ich beginne mit dem Traum-Seminar. Es findet in einem kleinen Raum satt. Die Studenten – meist junge Frauen – kennen sich schon. Eine Broschüre wird verteilt. Es wird Spanisch gesprochen, aber der Text der Broschüre ist in Französisch.

Nach der Vorlesung, die eher wie ein Gesprächskreis ist, gehe ich nachdenklich nach Hause. Ich wohne bei Isolde. Ich bin in Wien. Während ich an Freuds Haus, das jetzt ein Museum ist, vorbei gehe, sehe ich auf der anderen Straßenseite einen sympathischen Mann aus dem Seminar.

Er winkt und ruft: „Er gefällt mir, der Hunsrück."

Woher weiß er, dass ich aus dem Hunsrück bin? Da fällt mir ein, dass ich mit dem Dozenten gesprochen und ihn gebeten hatte, als Gasthörerin teilnehmen zu können, obgleich ich normalerweise im Hunsrück lebe. Er hatte wohl zugehört.

Plötzlich fühle ich mich dazugehörig.

Mea-Pilz

Peter beschäftigt sich mit einer Pilzart, die er entdeckt hat und züchtet. Sie wächst bis zu einem Meter dick und hat die Form eines Waldhasen. Er zeigt mir das Foto seines Lieblingspilzes aus der letzten Zucht. Ich bin beeindruckt.

„Wenn du willst, züchte ich dir einen", sagt er. „Er sieht nicht nur so aus wie ein Hase, er schmeckt auch so. Ich kann dir auch die entsprechenden Gewürze aufschreiben, die du für einen Mea-Braten brauchst."
Erst jetzt wird mir klar, dass er statt Schweinezucht eine Pilz-Zucht betreibt und er auf dem besten Weg ist, damit nicht nur Geld zu verdienen, sondern einen Weg gefunden hat, auf Fleisch zu verzichten, denn alle Vegetarier sind seine Kunden.

Wie er auf den Namen 'Mea' gekommen sei, will ich wissen.

Meat-loaf heiße Hackbraten auf Englisch, und wie ein guter Hackbraten schmecke der Mea-Pilz auch.

Wunscherfüllung

Ich lebe in einem Schloss. Der Schlossherr hat mir – vorübergehend – die Macht gegeben, die Wünsche der im Schloss Mitlebenden zu erfüllen. Meine Hauptaufgabe besteht darin, den Wünschenden klarzumachen, dass sie mit der Wunscherfüllung bis zum Ende ihres Lebens leben müssen. Einige schreckt das ab, denn das Leben im Schloss ist mit all seinen Höhen und Tiefen so wie es ist, lebenswert, wird aber mit jeder Wunscherfüllung chaotischer.

Einige wenige Schlossbewohner haben das erkannt. Sie haben sich in den hintersten Winkel zurückgezogen, beobachten und schreiben auf, was sie sehen und hören. Sie selbst sind wunschlos.

„Habt ihr keinen einzigen Wunsch", will ich wissen.

„Wir hatten einen", sagen sie, „und der wurde uns mit dem Leben hier im Schloss erfüllt".

Lapislazuli

Ich schaue die Bilder meiner Freundin an und sehe dass es eine wunderbare Idee war die zusammengehörenden Mittsommerbilder miteinander zu verbinden.

„Alles Blau in jedem Bild sollte aus feinstem Lapislazuli-Staub sein", sage ich.

„Aber der ist unbezahlbar in dieser Menge", meint sie.

„Ich übernehme die Kosten", höre ich mich sagen, „dafür bekomme ich das einzige Bild, das du auf der Ausstellung nicht verkaufst."

Ausweg Meer

In einer Millionenstadt gehe ich zu einer großen
Veranstaltung – allein. Keiner außer mir hat Gepäck
dabei. In einer langen Schlange muss ich warten. Es
handle sich um ein Jahrhundertereignis, hatte man
mir gesagt. Mir wird klar, dass ich mit Gepäck
behindert bin.

Es dauert nicht lange, da ist der Sack aufgeschlitzt.
Ich hatte es gar nicht bemerkt. Geld habe ich ja noch
in der Innentasche meines Stiefels versteckt, dachte
ich. Aber auch die war leer. In einer unbekannten
Stadt unter Millionen Menschen stand ich da.

Ein Mann, der aussah wie Djin, war freundlich, sagte
aber: „Helfen kann ich dir nicht".

Eigenartigerweise geriet ich nicht in Panik, sondern
suchte nach Auswegen. Da sah ich das Meer.

Das Meer ist mein Ausweg, dachte ich.

Unterirdisches Leben

Marlene meint, sie möchte mir etwas zeigen. Ich steige in ihren Landrover, und sie fährt über abenteuerliche Wege bis zu einer Stelle, wo sie aussteigt. Weit und breit ist nichts zu sehen, doch sie führt mich zu einem Gesteinshügel, unter dem so etwas wie ein kleiner Eingang ist.

Mit Marlenes besonderem Lichtfernglas schaue ich hinein in die Welt der Nachtmulche. Es gibt so viele, alle sehen gleich aus bis auf einen größeren.

„Das ist die Königin", sagt Marlene, „sie ist die einzige, die Sex hat und Kinder zur Welt bringt und so das unterirdische Leben erhält."

Anschließend fahren wir in eine große Nachtmulch-Ausstellung. Die Attraktion ist Marlene, in wallende, bunte Gewänder gehüllt – malerisch.

Warum interessieren die Nachtmulche so sehr, will ich wissen.

Marlene schweigt geheimnisvoll – wie so oft.

Abstraktes Portrait

Ich betrachte ein Bild von Tamara. Zunächst sehe ich nur eine wilde, waldähnliche Einbettung. Bei konzentriertem Hinschauen in die Mitte erkenne ich meine Gesichtszüge – wie eine Landschaft in dem Wald von Haaren, in dem die Augen wie kleine Seen leuchten.

Ich bin völlig entzückt von dem Portrait und rufe sie an, um ihr zu sagen, wie gut es mir gefällt.

„Ja", sagt sie selbstbewusst, „Portraits malen kann ich."

Animalier

Langsam begreife ich, dass ich in einem anderen Jahrhundert aufgewacht bin. Mein altes Haus gibt es immer noch. Es steht nicht mehr an der Straße. Straßen gibt es nicht mehr. Begrünte kleine Bächlein schlängeln sich durch das Dorf. Auf dem Dach hat jeder sein FBG (Fortbewegungsgefährt) stehen.

Im Vorgarten sitzen schnatternde kleine Wesen in den Bäumen. Sie unterhalten sich über die Menschen. Ich verstehe jedes Wort.

„Wusstest du, dass es vor hundert Jahren noch Animalier gab", sagte ein kleiner Affe zu seiner Nachbarin. „Sie aßen Tiere. Sie meinten, ihre Körper würden tierisches Eiweiß benötigen. Sie hielten uns in Käfigen und töteten uns – nach Bedarf. Die sogenannten Vegetarier, die sich von dem Überfluss der Natur ernährten und zum Beispiel aus Meeresalgen köstliche Gerichte zauberten, wurden mitleidig belächelt. Man folterte sie zwar nicht, wie tausend Jahre früher in der Inquisition die Zukunft-Gläubigen und Gott-Infragesteller, aber angesehen waren sie nicht."

Ich zuckte zusammen, denn ich war ein Animalier

beziehungsweise eine Animalierin gewesen, hatte Tiere gegessen, obgleich ich sie liebte und an den 'lieben Gott' glaubte, beziehungsweise an einen, der die Welt erschaffen hatte.

„Sie glaubten, die Krone der Schöpfung zu sein", sagte die Rotbuchen-Haus-Besitzerin, „und verstanden nur die sogenannte Menschensprache. Von den Millionen Tiersprachen hatten sie zwar eine Ahnung, ignorierten sie aber, denn die hatten ja keine Grammatik. Sie waren stolz auf ihren Verstand, nur einige hatten sich das bewahrt, was sie Intuition nannten und uns Tieren zuschreiben, aber die wurden belächelt beziehungsweise nicht ernst genommen. Sie gehörten einem Clan an, den sie Künstler nannten. Den hofierten sie je nach Währung – so nannten sie den Gegenwert ihres Besitztums. Ein jeder besaß Teile unserer Welt. Sie bauten hohe Häuser, in denen dieser Besitz registriert und verwaltet wurde – ihre Banken, nicht zufällig hießen sie so, wie die auf denen sich die Besitzgierigen ausruhten, bis sie zusammenbrachen. Da erschufen sie virtuelle Groß- und Ausruh-Banken mit Ausblick auf ihre Welt unterteilt in Herr und Knecht. Das funktionierte eine Weile, bis die Knechte die Herrschaft übernahmen und sich selbst auf die

Banken setzten. Sie nannten ihre Bankenbesetzer Revolutionäre und ihr gegenseitiges Unterdrücken Demokratie. In diesem System setzten sich die Animalier durch."

Nun sitze ich hier, lausche dem Nachbarschwatz zwischen Eulen, Vögeln und anderen Haselnusshecken-Bewohnern und schäme mich. Im Vorgarten wachsen die köstlichsten eiweißhaltigen Kräuter und Gemüsesorten. Richtig: Spinat war köstlich, zubereitet mit Sahne. Ist Sahne für Nicht-Animalier erlaubt?

Vorsichtig setze ich einen Fuß auf die uralte Eichentreppe und begrüße die Holzwürmer.

„Nein, wir haben die Treppe in all der Zeit nicht verspeist", sagen die, „schließlich haben wir gelernt von den Menschen: Wir zerstören schließlich nicht unser Zuhause."

Durch das Haus wieseln kleine, starre Geschöpfe, die eine eigene Sprache sprechen. Die Menschen nennen sie Roboter. Die erledigen all das, wozu die Menschen keine Lust mehr haben.

„Wir finden sie eher lästig", meint die Haselnussmaus. „Ihnen fehlt das, was wir Gefühle nennen".

Von Zeit zu Zeit taucht ein großes, schönes Wesen

auf, das nur auf dem Kopf und einigen Körperbereichen Fell hat. Sie sind von Kopf bis Fuß tätowiert und tragen glitzernde Hodenhalter, die die Blicke der weiblichen Lebewesen auf sich ziehen. Sie wohnen in getrennten Samenspender-Harems und sind für den reibungslosen Alltagsablauf verantwortlich. Die Frauen (weiblichen Lebewesen) legen Wert darauf, dass sie die neuesten Tatoos tragen, sich um die Kinder kümmern und sich miteinander vertragen. Die Klügsten und Vorzeigbarsten werden manchmal im matriarchalischen Regierungskreisen geduldet. In einigen Teilen der Welt sollen sie aber immer noch das Sagen haben. Auch dort präsentieren sie sich mit Tatoos, ihren weiblichen Mit-Lebenden befehlen sie, in der Öffentlichkeit bunte Säcke zu tragen, die in Augenhöhe einen Schlitz haben. Die unter den Säcken verborgenen Reize stehen nur den Tätowierten zur Verfügung. Es heißt, dieses System würde sich mit dem Versiegen der Ölquellen auflösen. Aber solange die Sackträgerinnen keine Lust auf eigene Meinungsäußerungen verspüren, könnte es sich noch tausend Jährchen hinziehen.

Zwischen Traum und Wirklichkeit

Eifersucht galt als bürgerlich. Wir waren zwei Paare und hatten drei Kinder und amüsierten uns über die Vermutungen der Nachbarn, welches Kind wohl von welchem Vater war. Doch die WG-Partner waren tabu. Sie genossen allerdings die sexuelle Freiheit.

Weil meine Freundin O. und ich die jeweiligen Favoritinnen kannten, schauten wir uns das – mit bürgerlicher Eifersucht – eine Weile an und beschlossen dann: Das können wir auch.

Ich erinnerte mich an meine erprobte Methode aus der Kindheit: wie du mir so ich dir und die damit verbundenen kleinen Erfolge. O. und ich teilten uns einen Liebhaber. Er war ein schlaksiger, melancholischer Psychologiestudent und sehr zärtlich. Auf den Rest hätte ich verzichten können.

Mein Ehemann hatte wieder einmal eine seiner Wochenend-Fluchtreisen angetreten, nach einer der üblichen Streitereien, auf seine Insel, wohin sonst. Er flüchtete immer auf Inseln. Angeblich war die Affäre mit der Krankenschwester beendet. Aber auf Sylt war es ziemlich einfach, eine erfolgreiche Wochenend-Liebelei anzuzetteln. Wir hatten die Zeit dort sehr genossen, obgleich ich ziemlich unter meiner bürgerlichen Eifersucht litt und unter meiner Prüderie. Während am Strand alle völlig selbstverständlich nackt herumhüpften, versteckte ich mich in der Sandburg und ging nur dann verschämt ins Wasser, wenn mich die Hitze dazu zwang.

Das änderte sich eines Tages abrupt. Es war ein Tag wie gemalt. Wir saßen wegen der Hitze nicht in den Dünen, sondern nahe dem Wasser und beobachteten das Strandleben. Zur Feier des Tages oder wegen der Hitze hatten wir uns einen Strandkorb geleistet. Das taten nur die Touristen, meinten wir, denn es war teuer. Im Strandkorbschatten zu sitzen, den Tag zu verplempern – was für ein Wochenend-Luxus! In den auslaufenden Wellen tummelten sich die Nackten. Ich kämpfte, wie so oft, mit meiner Verschämtheit und gleichzeitig gefielen mir streifenlos gebräunte Körper so gut. Besonders meine Freundin O. machte eine wunderbare Figur. Mir gefielen ihre langen, wunderschönen Beine und die Selbstverständlichkeit mit der sie sich nackt bewegte, besser als angezogen, fand ich.

Etwas missmutig schaute ich den Strand entlang und sah von weitem einen roten Punkt immer näher kommen. Immer schon war ich kurzsichtig, eine Sonnenbrille mit geschliffenen Gläsern konnte ich mir nicht leisten. Der Punkt kam näher, es hätte die Kopfbedeckung eines Kindes sein können, ungefähr diese Höhe. Doch beim Näherkommen stellte sich heraus, dass es sich um eine rote Schleife handelte, die ein schöner Nackter sich um seinen Pimmel drapiert hatte.

Von da an hüpfte ich, wie die anderen, ohne Bikini und Scheu am Strand herum.

Schönstes Fest

Es gab ein Fest für mich, kein Geburtstagsfest, denn meine Freunde wissen, dass ich mir aus Geburtstagsfeiern nichts mache. Tamara hatte einen kleinen Pavillon aufgebaut, versteckt unter Pinien. Alle meine Lieben waren da. Weil es ein Überraschungsfest war, konnte ich nicht sagen: bitte keine Geschenke. Folglich hatte jeder ein kleines Geschenk mitgebracht. Der Pavillon war das größte Geschenk. Typisch Tamara, dachte ich.

Ein wunderbar verschrumpeltes Männchen, das ich auf den ersten Blick nicht erkannte, und als ich ihn erkannte, fiel mir zunächst sein Name nicht ein. Helge, ein Liebhaber aus Hamburger Zeiten, mit dem sich Jordi im Laden einmal kloppte, brachte mir einen so großen rotbäckigen Apfel, dass er ihn kaum tragen konnte. Ich war zu Tränen gerührt.

Brigitte hatte mir bunte Stiefel mitgebracht – 'Flickenstiefel', wie meine geliebten schwarzen Fellstiefel, deren Leder auf Holzpantinen aufgetackert ist. Etwas, was ich noch niemals vorher gesehen hatte – ein regelrechtes Kunstwerk, und das in meinen Lieblingsfarben, wie die meiner ersten

Seidenjacken-Unikate.

„Ich hab die Stiefel aus einer alten Seidenjacke von dir gemacht", meine Brigitte.

Und da erinnerte ich mich, dass M. einmal im Laden eine Seidenjacke weggeworfen hatte. Und dann sah ich es erst: die beiden 'Eingangssäulen' des Pavillons bestanden aus Büchern. Sie waren nicht sorgfältig übereinander gestapelt sondern versetzt – von ziemlich großen Bildbänden bis zu ganz kleinen Gedichtbänden.

Irenen hielt die 'Laudatio' – wie sie es nannte – alle fanden die Rede wunderbar, nur mir war sie peinlich. Natürlich waren alle meine Männer da. Jeder der Gäste erzählte eine Episode, eine ganz besonders persönliche aus unserem gemeinsamen Leben.

Ich flüsterte Tamara ins Ohr: „Am liebsten möchte ich mir das ganze von oben ansehen, damit nicht alle sehen, wie ich vor Dankbarkeit weine".

Da sagte Tamara: „Das tust du doch, es ist deine Beerdigung".

Zitate sind wie Träume

Begleiter

Rätselhaft sind die meisten Träume
Verborgene Sehnsüchte erzählen oft eine Geschichte
Schon als Kind missfiel mir Mamas Redensart: Träume
    sind Schäume
Doch auch Mama liebte Gedichte

Ein Leben lang sind Gedichte und Träume meine Begleiter
    geblieben
Verführten mich zum Lesen, zum Schreiben, zum Lieben
„Wer lernt über Rätselhaftes hinwegzusehen, verlernt
dem Außerordentlichen Beachtung zu schenken".[*]

[*] Hilma af Klint

Freiheit

Zitate sind wie Freunde, sie finden immer eine
Entschuldigung für deine Schwächen
„Vergesslichkeit ist eine Form von Freiheit".[*]

[*] Kahlil Gibran

Glückspilz

Ich wache mit einem Glücksgefühl auf
und kann mich nicht an den Traum erinnern
Ich weiß nur: Drei Dinge spielten eine Rolle
Himmel, Erde und Meer
Und ein Zitat von Albert Schweitzer fällt mir ein:
„Glück heißt eine gute Gesundheit und ein schlechtes
    Gedächtnis".
Ein Glückspilz bin ich.

Der Tag fängt an

Wenn meine Freundin mir am Morgen
ein interessantes Zitat vorliest
werden die auf der Lauer liegenden Tages-Sorgen
    verdrängt
Der Tag fängt
an mit dem Gedanken: Wer liest vergisst
die Alltags-Plagen

Und wenn sie zurückkehren
mit der Lust zu klagen
sperre ich sie in ein Handke-Zitat ein:
„Und dieser Erzähler in meinem Innersten war etwas
das mehr war als ich."

Lauf nicht weg

Wenn mir Zitate wie Menschen auf meinem Weg
    begegnen
bin ich neugierig
Sind sie behilflich unwegsame Pfade zu ebnen
Verführerisch?

Ich füge sie in meinen Alltag ein:
„Lauf nicht weg vor Traurigkeit oder Depression, denn
sie könnten die Bedingungen für deine Arbeit sein."*

* Rainer Maria Rilke

Aberglaube

Wenn mich am Abend die Lust zu reimen packt
ist das ein Tagesabschluss der behagt

Der 13. war eher ein Freudentag
Vergiss deinen Aberglauben und sag

allen ob sie es hören wollen oder nicht:
Aberglaube ist ohne ABER wie der Teil eines Gedichts
„…eine Pause des Lichts
Der Tag ist ein großes helles Wort…"*

* Octavio Paz

Einhauchen

Wenn die Schreckgespenster pünktlich um drei Uhr
    nachts Panik verbreiten
Friedliche Gedanken und Schlaf in weite Ferne vertreiben
Flehe ich meine Helfer an
Wir sind schon auf dem Weg, sagen sie dann:
Du darfst uns auch als Gebete missbrauchen
Hauptsache wir können dir ein wenig Zuversicht
    einhauchen.

„Siehe, du Blume hier, du Vogel dort
Sieh, wie auch ich von neuem mich erhebe
Voll inneren Jubels treib ich Wort auf Wort
Siehe, auch ich, ich schien nur tot. Ich lebe." [*]

[*] leider weiß ich nicht mehr, wer das geschrieben hat

In der Finsternis

Wenn du aber so vereinfachst, höre ich kluge Stimmen
sagen
wirst du nicht ernst genommen
Das Leben ist kompliziert – einfache Betrachtungsweisen
schaden
Nur hochkomplizierte Philosophien bekommen
entsprechende Anerkennung – doch im Gedächtnis
bleiben einfache Kaléko-Lichtblicke in die Finsternis:

„Die Nacht in der das Fürchten wohnt
hat auch die Sterne und den Mond." *

* Mascha Kaléko

Heilsam

Ob ich zur Zeit für mich ein heilsamer Umgang bin
steht noch nicht fest
Nach deinem Tod und dem neuen Allein-Lebens-Beginn
Scheint die Einsamkeit nur ein Test
zu sein

Zeigte ihre Samtpfoten-Seite
Schlich sich ein
Drängte Zweisamkeit zur Seite
Und gab vor, die alleinige Trösterin zu sein

Doch mit der Zeit
lockte wieder das Leben zu zweit

„Überlege wohl, bevor du dich der Einsamkeit
ergibst, ob du auch für dich selbst ein
heilsamer Umgang bist". *

* Marie von Ebner Eschenbach

Voller Inbrunst

Manchmal löst ein Wort Reim-Lust aus
„Voller Inbrunst" las ich gerade
Damit reime ich dann, nicht gerade tagein, tagaus
Reimstimmungen sind niemals fade

Fällt mir dann ein altes Reim-Gedicht ein
bin ich dankbar für die Gunst
schon in der Kindheit mit ihr vertraut gewesen zu sein
Und wiederhole voller Inbrunst:

„Die Luft ging durch die Felder
Die Ähren wogten sacht
Es rauschten leis die Wälder
So sternklar war die Nacht..." *

* Joseph von Eichendorf

Zäune

Schreiben, das bedeutet zweimal leben*
Mit einem Schreibenden getrennt zusammen zu leben
heißt lesen, immer wieder lesen und sich bei eigenem
　　Schreiben zu erholen

Wir alle zahlen einen Preis für unsere erfüllten Wünsche
　　und Träume
und errichten dabei imaginäre Zäune.

* Ninon Ausländer (3. Frau von Hermann Hesse)

Im Zweifelsfall

Jemand aus meinem Fan-Club sagte mir heute:
Sie liegen auf meinem Nachttisch, deine Reim-Gedichte
Das bedeutet Freude
und ist Anlass weiter zu dichten

Allerdings gestehe ich mir ein
auch ohne Anerkennung müssen tägliche Wortspielereien
        nicht nur Wahrheiten sein

Das lyrische Tagebuch ist mehr als ein Stelldichein
mit mir allein
vor allem dann
wenn ich weiß, dass ich es nicht lassen kann

„Von jeder Wahrheit ist das Gegenteil ebenso wahr" *
was im Zweifelsfall immer zum dichten führt.

* Hermann Hesse

Reiz des Widerspruchs

Je widersprüchlicher
umso vergnüglicher

Wenn so ein weltberühmter Pessimist
wieder einmal in Hochform war und ist

übernehme ich
begeistert seine Erkenntnis:

„Wenn eintraf, was ich erwartete, kam es stets
unerwartet für mich." *

* Fernando Pessoa

Daheim

Rückzug bedeutet Freiheit
verbunden mit Verlust
"Verlust ist nichts anderes als Verwandlung" *
Und Verwandlung ist gleichzeitig Lust

auf eine neue Lebensform – einverstanden
mit dem Schicksal zu sein
heißt unverletzt landen
und den Landeplatz umzuwandeln in ein neues Daheim.

* Marc Aurel

In Freud und Leid

Geschenke gibt man auch dann nicht zurück
wenn man es infrage stellt – das vergangene Glück
Wer oder was ist Schuld an dem eigenen Leiden
Und könnte man sie vermeiden?

Die eigenen Schmerzen
hätte man sich nicht diesen Menschen ausgesucht vor
    langer Zeit, mit Sehnsucht im Herzen

Dankbarkeit für die vergangene Zeit
zu zweit wäre eine Möglichkeit
Nicht immer hält sie ein Leben lang an – die Freundschaft
    in Freud und Leid

Vertrauen zu einem Menschen zu verlieren
heißt im Zweifelsfall weiter mit Vertrauen in einen anderen
    zu experimentieren.

„Es waren Freunde, aber sie haben aufgehört es zu sein
und sie knüpften von beiden Seiten zugleich ihre Freund-
schaft los, der eine, weil er sich zu sehr verkannt glaubte,
der andere, weil er sich zu sehr erkannt glaubte – Beide
haben sich dabei getäuscht, denn jeder von ihnen kannte
sich selbst nicht genug".*

* Friedrich Nietzsche, *Morgenröte*

Jetzt schon

Ob von Oma oder Marc Aurel
So eine Lebensregel
begleitet mich manchmal einen Tag lang
von Anfang an

Die Lebenserfahrung kluger Menschen nicht zu ignorieren
heißt: die eigene dankbar zu integrieren
und zu akzeptieren:
„Wie du am Ende deines Lebens wünscht gelebt zu
haben so kannst du jetzt schon leben". *

* Marc Aurel

Die Welt ist tief

Wenn ein Wort wie Bedachtsamkeit
lange in meinem Gedächtnis bleibt

Frage ich mich nach dem Grund
Was gibt es zu bedenken und

worauf ist zu achten
beim Betrachten

all der Frühlings-Blütenpracht
"Oh Mensch gib Acht
was spricht die tiefe Mitternacht?
„Die Welt ist tief
und tiefer als der Tag gedacht
Tief ist ihr Weh
Lust tiefer noch als Herzeleid
Weh spricht: Vergeh
Doch alle Lust will Ewigkeit
Will tiefe, tiefe Ewigkeit." *

* Friedrich Nietzsche

Nachtfalter

Eine buchstäblich wörtliche Übereinstimmung mit
    einem großen Dichter tut gut
Einfache Gedanken aufzuschreiben
macht Mut
Sie hilft immer wieder Unmut zu vertreiben
Flattert aus der Kindheit wie ein Traum – ein Nachtfalter
„Was man als Kind geliebt hat bleibt im Besitz des Herzens
bis ins hohe Alter." *

* Kahlil Gibran

Erfreulich

„Übertreiben macht anschaulich"
pflegte ein alter Freund zu sagen
Ist für den Übertreiber meist erfreulich
Der Zuhörer ist neugierig, manchmal pikiert
Vergisst das Klagen

„Eine Übertreibung ist eine Wahrheit, die ihre
Geduld verliert." [*]

[*] Kahlil Gibran

Sprichworte

Wieder einmal rufe ich mich auf zur Disziplin
Konsequenz nennt das meine Freundin Tamara
Den Spruch 'Ich bin die, die ich bin'
kennt sie schon, sagt aber geduldig: Ja, ja, wie wahr
und fügt hinzu: Neunzig Prozent aller Kunst ist Handwerk
Kein Bild ohne Rahmen, ohne Tippen kein Reim
Die Kunst lebt nicht vom Schein allein
Intuition, Talent, Phantasie ist schmückendes Beiwerk
Nicht umgekehrt

Sie liebt die abgewandelten Sprichworte meiner Oma:
„Sein Licht unter den Scheffel zu stellen erhellt die Welt"
Omas Sprichworte-Lust weckte in mir das Vergnügen
　　an Reimen und Zitaten
Früh erkannte sie: „It werd wohl käne Bauer heirate."

Wortmalereien

Ein Tagesbeginn ohne eine Wortmalerei
ist einer von jenen
denen
der Frohsinn fehlt in der Insel-Einsiedelei

Dann kommt mir ein geflügeltes Wort wie Simsalabim
    in den Sinn
So entsteht sie: Die Wortmalerei
aus purem Froh- und Eigen-Sinn.

Eine Zitat-Idee

Das Traurige, zur Erde Ziehende mit Leichtigkeit zu
    beschreiben
Das ist Schreibkunst
Wer sie beherrscht ist zu beneiden
Ständig bin ich auf der Suche und bitte um diese Gunst

Dann schenkt die Talentvergabe-Fee
mir eine Zitat-Idee
„Wie fließt das hin so schön und breit
wie glückt mir alles was ich schreibe
zwar fehlt der Schrift die Deutlichkeit
Was tuts, wer liest denn was ich schreibe." *

* Friedrich Nietzsche: *Fröhliche Wissenschaft*

Zusammenleben mit den Tieren

Mitesser

Hinter dem neuen Eckschrank lebt eine Eidechse
Manchmal, beim Kochen, schaut sie mir zu
He, du Hexe
Niemand leckt die Pfanne so sauber wie du

Heute gibt es Fisch
Den schätzt du sehr
Eine neue Decke liegt auf dem Tisch
In der Außenküche herrscht reger Eidechsen-Verkehr

Eine Tür fehlt noch immer
Die würde euch nicht stören
Nur Menschen haben die Illusion mit Türen
könne man sich gegen Mitesser wehren.

Mit Tieren

Meine Selbstgespräche nenne ich jetzt Unterhaltung
    mit Tieren
Meine Freundin findet das nicht bedenklich
Sie meint, solange Tiere mich verführen zu reimen
vermisse ich sonst keinen

Sollte aber doch einmal einer der auch antwortet von
    Nöten sein
ohne Reim
würde sie nicht mit dem Schlimmsten rechnen
Auch sie würde häufig lieber mit ihren Katzen malen
als mit Menschen zu sprechen.

Das Licht

Heute ist wieder Sprechtag mit Tieren
Schon in der Früh flüstere ich dem Gecko zu:

Musst du unbedingt so laut an meiner Nase vorbei huschen
    selbst die Katzen sind lautloser auf allen Vieren
Und was machst du?
Wirfst ein Buch vom Regal

Wollen Geckos neuerdings lesen
Wundern würde mich das nicht einmal
So ein lesendes geckoähnliches Wesen
könnte es schließlich auf anderen Planeten geben

Seitdem viele Menschen sich vorstellen können, dass
    dort intelligente Lebewesen leben
Und dass sie ziemlich von unsrem menschlichen Aussehen
    abweichen können

Noch müssen wir die Entfernung von ihnen Lichtjahre
    nennen
Aber vielleicht leben sie schon unter uns und wir erkennen
    sie nur nicht
Wer weiß denn ob man menschenähnlich ausschauen
    muss um lesen zu können
Noch wissen wir nicht einmal was schneller ist als das Licht.

In der Außenküche

Es war einmal ein kleiner Gecko der bewohnte ein großes
     Gewürzregal
All die wundersamen Gerüche betörten ihn
Und es war ihm völlig egal
wenn um die Mittagszeit so ein Monsterwesen erschien

das viel Lärm machte
Seinen wohlriechenden dunklen Schlafplatz durcheinander
     brachte
und laut dachte:

Kannst du dir keinen artgerechten Wohnsitz aussuchen
wie dein *abuelo**, der verstanden hat:
Als Gecko wohnt man hinter dicken Balken in einer
     Werkstatt
Doch der kleine Gecko liebt Wohlgerüche
Und deshalb, lieber *abuelo*, lebe ich in der Außenküche.

* Span. Großvater

140

Lebensrettung

So ein Mensch kann schon auch nützlich sein
Der Tag begann, wie immer, erfreulich
Aus meiner Mauerwohnung blickte ich in den sonnen-
    durchfluteten Garten hinein
Und dachte mir: Ein kleines Morgenbad wäre schon
    verführerisch

Ein Pool ist fast wie das weite Meer
Ich kenne natürlich seine Gefahren
Doch manchmal lockt mich der Leichtsinn mehr
Auch als kluge Maus kann ich mir – wie ein Mensch –
    Erfahrung nicht ersparen

Wie auch immer: Ich stürzte mich in das verlockende Nass
Natürlich kann ich schwimmen
Aber aus dem Wasser hüpfen – wie geht das?
Verzweifelt versuchte ich, Land zu gewinnen

Da erst erschien der Mensch am Pool-Rand
Erkannte meine Lebenssituation
Bot mir seine Hand als Startposition
Und ich hüpfte an Land

Dankbarkeit
ist ein Lebensgefühl wie Freud und Leid
Alle Lebewesen spüren sie
Nur die Menschen in ihrem Größenwahn
erfanden die Theorie
die Krone der Schöpfung zu sein, ihr Gott befahl ihnen:
      Macht euch die Erde untertan

Als kleine Maus genieße ich nur die Gegenwart
Dafür arbeitet die Krone der Schöpfung ein Leben lang hart
Und Lebensrettungsübungen bleiben ihm nicht erspart!

Wie du weißt

Rojo räkelt sich auf meinen Entwürfen – heut
Sie gefallen dir
frage ich erfreut
Sein Blick sagt:
Ich will dich ja nicht enttäuschen, doch wie du weißt,
    liebe ich Papier.

Hungrige Zeiten

Tierische Mitbewohner in der Außenküche
legen auf ordentliche Küchenbenutzung keinen Wert
Sie huschen über Regale und Tische
Mit Vorsicht selbst über den Herd

Verbote beeindrucken sie nicht
Untereinander können sie sich nicht leiden
Alle Reste sind begehrt
werden verzehrt
in Erinnerung an hungrige Zeiten.

Wiedersehen

Im Koffer sitzt Rojo
Er weiß: Jetzt ist es wieder so weit
Sie verlässt uns auf unbestimmte Zeit
und ist irgendwo

Sie sagt: In meinem ersten Zuhause:
Manchmal macht sie unterwegs eine Pause

Sie meint Trauer in meinem Blick zu sehen
Dabei freue ich mich nur auf das Wiedersehen.

Neuerdings

Auf der Insel breitet sich eine neue Plage aus
Nein, es sind nicht nur die Superreichen, die ihre Villen
   mit hohen Mauern umgeben
In Saus und Braus leben
und sie für Nachfahren der Blumenkinder unbezahlbar
   machen
Höchstpreise finden sie vermutlich zum Lachen

Was ganz und gar nicht lächerlich ist, sind die neuen
   Moskitoschwärme aus Afrika
Sie hinterlassen auch bei Reichen juckende Beulen und
   neuerdings Malaria.

Naturphänomene

Ein Gewitter wie heute
ist die reinste Freude

Pflanzen und Bäume räkeln sich
schimmern, glänzen, unalltäglich

Selbst die Spatzen genießen das Langzeit-Bad
Verlassen das Blätterdach und zeigen auf ihre Art:

Alles Gute kommt von oben
Wir Menschen wollen dort droben

eher einen Schöpfer sehen
der sich nicht nur auskennt in Naturphänomenen.

Unser gefährlichster Feind

Die Welt ist noch in Ordnung an Sprechtagen mit Tieren
Keine Widerreden
Man streitet sich in der Außenküche – wenn
Eidechsen auf dem Gewürzbord balancieren
verlange ich höchstens, die Herdplatte nicht zu betreten

Aber das weiß man als Außenküchen-Mitbenutzer
Aus Herd-Richtung fällt dann und wann eine kleine
    Köstlichkeit – sehr schmackhaft
Darum streitet man sich eben, schließlich ist man kein
    Küchenboden-Beschmutzer
und leistet Gesellschaft

Sie denken: Solange die Katzen noch schlafen genießen
    wir die Kochzeit – voll und ganz
Sobald sie auftauchen trachten sie uns nach dem Leben,
    das kostet uns manchmal unseren Schwanz

Unsere WG ist nicht nur idyllisch und das reine Glück
Wie man auf den ersten Blick meint
Denn unsere Menschenfreundin schreckt selbst vor
    Schlangen nicht zurück
Und eine Schlange, nicht eine Katz, ist unser gefährlichster
    Feind.

Zusammenleben

In der Gegenwart
findet Suchen und Gestalten statt
Das eine bedingt das andere
Ich wandere
suchend auf dem Lebenspfad

Der Respekt vor der Natur und den Lebewesen
ist immer schon Teil der Suche gewesen

Gefunden habe ich heute etwas, was nicht gerne gefunden
    wird
Eine Schlange – die hat schon Eva im Paradies verführt

Ich habe beschlossen, sie nicht einzufangen
Auf Insel-Paradiesen gibt es ein Zusammenleben mit
    Schlangen.

Niemals lieben

Manchmal besucht mich eine Natter auf dem Platz
vor der *casita*
Ob sie giftig ist, weiß ich nicht
Plötzlich ist sie da
Die Gemeinde stellt Fallen zur Verfügung in denen ein
    lebendiges Mäuschen sie anlocken soll – das inter-
    essiert vor allem die Katz
Angeblich haben Schlangen auf der Insel außer uns
    Menschen keine Feinde
Folglich sei Töten Pflicht

Meide die Menschen rate ich ihr
Du hast sie schon einmal aus einem Paradies vertrieben
Sie werden dich niemals lieben.

Keine Eile

Draußen maunzt es laut und bang
Ich kenne die Stimmen der Meinigen
Diese hat einen anderen Klang
Nein, nicht schon wieder einen Neuzugang

Daher warte ich eine Weile, vielleicht will sich Manx
    mit dem Neuen einigen
Rojo räkelt sich im Bett
Sein Interesse an Neuankömmlingen ist wenig kollegial
Unsere Wohngemeinschaft ist komplett
denkt er – ich bin nicht besonders sozial

Und so warten wir noch eine ganze Weile
Schließlich haben wir keine Eile.

Lust zu reimen

Offenbar ist es den Grillen nicht warm genug
Sie schweigen – noch
Ich sitze auf dem Dreschplatz und warte auf den Konzert-
    Beginn
Doch
in Zikadenkreisen ist man noch nicht so weit
Vielleicht ist es für die Dirigentin noch nicht die geeignete
    Zeit
Und sie will noch im geheimen üben
Schließlich können Millionen Zuhörer nicht genug
von dem Musikspektakel kriegen

Ein wenig eintönig meinen die einen
Ideale Meditationsmusik stellen andere fest
Ohne Zikadengesang wäre das Sommerfest
wie dichten ohne Wortspiele und die Lust zu reimen.

Wie Geckos

Das Ende eines heißen Sommertages ist der Anfang des
    Konzerts der Zikaden
Plötzlich setzt es ein
Kein
Orchestermitglied will länger warten

Die Nachtaktiven sind ein wenig lauter als die Tages-
    Musikanten
Zikaden haben Ähnlichkeit mit Heuschrecken, ihren
    kleinen Verwandten
Bevorzugt hocken sie in Pinien- und Mandelbäumen
Farblich passen sie sich gut ihrer Umgebung an, schlafen
    und träumen

Bis ihre Zeit gekommen ist
Und jeder Meditations-Musikspezialist
ihrem Zauber erliegt und sich ihm hingibt

Ihr Zirpen produzieren sie durch das gegeneinander
    Reiben ihrer Hinterbeine – so locken die Männchen
    die Weibchen an
Wer Zikadengesang

153

als Lärm bezeichnet sollte die Insel im Sommer meiden
oder in die Disco gehen

Wer dort bei mehr Lärm wen anzieht lässt sich optisch,
    wie bei den Zikaden, nicht unterscheiden
Das aneinander Reiben wird allerdings seltener gesehen

Laute Zikaden und lautlos huschende Geckos gehören
    zu den wundervollsten Lebewesen dieser Inselwelt
die all jene begeistert, denen das Naturparadies gefällt

Zur Drogen-Disco-Insel wurde sie von den derzeitigen
    Eroberern gemacht
Göttin Tanit weiß, das geht vorüber und sie lacht
eher lautlos
wie Geckos.

Wunderwerk

Und dann setzte es doch noch ein
das laute Zikaden-Konzert
Ein Gesangsverein
wie ein Feuerwerk – bewundernswert

So plötzlich wie es begonnen hat, hört es auf
Keine Zugabe
Das nehmen wir in Kauf
und erfreuen uns am Anblick der Distelfalter-Farbe

Alles ein Wunderwerk der Natur
Es bedarf keiner Korrektur.

Distelfalter

Eine Schmetterlings-Invasion
Was für eine Farbenpracht – zu ihrer Lebensweise
gehörte immer schon
auf ihrer jährlichen langen Reise
ein Zwischenstop auf Ibiza

In diesem Jahr ist die Insel ein längerer
Aufenthaltsort geworden
¡Que alegria! *

Besonders dort wo Disteln wachsen tummeln sie sich
    auf Feldern und Wiesen
Distelfalter bevorzugen Disteln als Nahrung solange
    sie noch Raupen sind – bevor sie ihr kurzes Falter-
    leben genießen.

* Span. Was für eine Freude!

Rabatz

Heute schweigen die Zikaden
Ohne Sonne kein Konzert
Ob sie sich hinter den Kulissen beraten
Ist der Tag einen Orchester-Abend wert?

Wie sie sich wohl verständigen
Denn gleichzeitiger Einsatz setzt Absprache voraus
Hallo Nachbar bist du bereit, wollen wir beginnen
mit unserem Gratis-Konzert von Haus zu Haus

Wir, die Katzen und ich, treffen uns zu einem Rendezvous
schon erwartungsvoll auf dem Dreschplatz
und schauen den Distelfaltern zu
Naturdarbietungen der besonderen Art
Die Distelfalter erfreuen durch Schönheit, die Zikaden
      durch lauten Rabatz.

Ein Fabeltier

Auf den Philippinen gibt es eine Hundsraupe mit einer
    besonderen Lebensstrategie
sie frisst
giftige Pflanzen, was sie
vor dem Gefressen-Werden schützt

Selbst der aus ihr entstehende Schmetterling wird von
    einer Spinne in deren Netz sie gefangenen ist, nicht
    nur nicht verzehrt
Sie ermöglicht ihm sogar die Flucht weil er das Netz sonst
    zerstört

Glücklicher Schmetterling wird er daher genannt und
    von den Einheimischen verehrt
Wir verehren die Leidenden – glücklich
ist eher egoistisch
Und Egoisten meiden wir

Ein Schmetterling, der keine Fressfeinde hat, ist für uns
    nur ein Fabeltier.

Schatztruhe Erinnerung

Auf der Suche nach Geschichten für meine Enkelin greife
    ich in die Erinnerungs-Schatztruhe
Nicht immer entdecke ich ein Fundstück das mich freut
doch heut
betrachte ich in aller Ruhe
die allerersten gesammelten Schätze und zu denen gehören
    die Tiere meiner Kindheit, vor allem in der Nacht

Heimlich bei einem Kälbchen zu schlafen wurde von
    Muttern nicht gern gesehen
Das gefällt meiner Enkelin und sie lacht:
Eine Katz unter der Bettdecke ist genauso schön.

Jagd-Lust

Viele Katzen sitzen auf Sofa und *cama*[*]
Sind die Herrinnen in der *casita*
Schnurren und dösen
Lieben Menschen die lesen

Wollen dazugehören
Ohne sie wären die Alltagsnöte eine Last
So eine Katz verpasst
keine Gelegenheit
ihre Menschenfreunde zu beglücken
Katzenliebhaber kennen die Sucht ihre Lieblinge ständig
    ins rechte Licht zu rücken

Selbst dann, wenn sie, wie die Menschen aus purer Lust
    verfolgen und jagen,
andere in Stücke reißen,
Sie verspeisen
Wie die Menschen nicht nach dem Leid der Gejagten
    fragen.

* Bett

Aus der Mode

In der Schreibecke zu hocken
und Reime anzulocken
bereitet nicht nur mir selbst Vergnügen
Alle Katzen liegen

in Reichweite und wissen
So ein Regentag ist wie ein sanftes Ruhekissen
Lästig ist nur das Aufstehen-Müssen
um zu pinkeln

Es ist schon vorgekommen, dass Puschi an Regentagen
    heimlich ein Versteck sucht – in verborgenen Winkeln
In meiner Kindheit gab es auf dem Bauernhof eine rüde
    Abgewöhnungsmethode
Man stupste die Katzennase in die Pfütze – das kam dann
    Gott-sei-Dank aus der Mode.

Wohlgefühl

Von Pinien umgeben fühle ich mich geborgen
Sie wirbeln im Sturm
Ihre Äste werden zu Gespenstern und sorgen
für Aufregung

Seltsamerweise ist das gleichzeitig beruhigend
Zusammen mit meinen Tieren genieße ich das Natur-
  schauspiel
und warte auf das Happy-End
Blauer Himmel und ganz viel
Wohlgefühl.

Eingebungen

Eng aneinander geschmiegt halten wir *siesta*
Was könnte schöner sein zur Nachmittagszeit
Ein Schnurrbarthaar
kitzelt, bringt mich zum Lächeln, wie in der Zeit zu zweit
Mindestens einmal täglich will ich die Welt aus der Sicht
      einer Anschmiegsamen sehen
Glück ist die Kunst, es sich einzugestehen
Selbstzweifel und Infragestellungen
sind nur manchmal hilfreiche Eingebungen.

Ein Haar in der Suppe

Wo ich hinschaue eine Katz
Sie schlafen und räkeln sich
Auf ihrem Lieblingsplatz
Eine liegt immer auf dem Tisch

Hygienisch ist das nicht
Bei Besuch erfinde ich Ausreden
Katzenhaare sind weit und breit in Sicht
Damit müssen die Besucher leben

Die meisten kennen meine von Katzen bewohnte *casita*
Eine Hundeliebhaberin findet nicht nur in der Suppe
    ein Haar.

In so einem Buch

Ach wäre da noch Platz für ein Bücherregal
aber alle Wände bestehen nun einmal
aus Buchrücken
Sehr zum Entzücken

der Leseratten und der Wollmäuse
Ansonsten weder Flöhe noch Läuse
Manchmal quetscht sich eine Katze dazwischen
Das erspart das Staubwischen

Mäuse meiden eher das Bücherhaus
Nur einmal machte eine Fledermaus
einen Nist-Versuch
und stellte sich erst gar nicht die Frage: Was finden
    Menschen nur in so einem Buch?

Stierkampf

Auf Mallorca finden wieder Stierkämpfe statt
Wie ist es möglich
dass Menschen nach wie vor zuschauen wollen wie
 ein Tier langsam zu Tode gequält wird – unerbittlich

Wer schaut sich diese Hinrichtungen an und hat
keinen Funken Mitgefühl
Will
einfach nur Todesqualen sehen
Vermutlich würden sie auch zu Gladiatorenkämpfen
 gehen

Sie werden nicht sterben ohne irgendwann zu erkennen
Tiere sind Lebewesen wie wir, wer sich an ihren Qualen
 ergötzt
könnte erleben
dass eine Übermacht auch sie einmal unter Qualen zu
 Tode hetzt.

Nur wenn ein Tier eine Rolle spielt

Erzähl mir eine Geschichte
bittet meine Enkelin
Heute fällt mir keine ein
Dann erfinde doch einfach eine, so entstehen doch deine
    Gedichte
Darf es denn auch ein Reim sein?

Aber nur wenn ein Tier eine Rolle spielt
Nun, bestimmt hast du den alten Gecko hinter dem Holz-
    balken heute schon gesehen
Ist dir aufgefallen, dass er schielt?
Geckos schielen nicht, das weißt du doch
Du wolltest eine Geschichte und die entstehen meistens
    indem man etwas hinzudichtet
Sich nicht nach der Wahrheit richtet
und einen Gecko erfindet, der schielt

Vielleicht spielt
seine Freundin ja die Verführerin
Gecko-Mädchen haben, wie du, viel Unsinn im Sinn
Wie du weißt, schielte auch unsere Siamesin
Aber Katzen sind menschenähnlicher, meint meine Enkelin

Das meinen nur die Menschen – so ein Gecko-Sonderling

ist unabhängiger
langlebiger
Die Menschen schaut er sich nur aus sicherer Entfernung an
Man kann nie wissen, ob so ein Menschen-Mann
nicht doch zum Gecko-Jäger wird
weil er sich vor ihm fürchtet – sich irrt
und die Tiere nicht seine Freunde sind
Wie dumm, meint meine Enkelin.

Wärme

Auf dem Weg zum Meer
begegnet mir mitten auf der Straße ein Igelkind
Wie Kinder so sind
Wärme lockt sie sehr

Ich steige aus und bringe es außer Gefahr
Auf den Straßenrand ins Sonnenlicht
Doch bestimmt sucht es wieder die Asphalt-Wärme,
     die so wohltuend war
Selbst Igeleltern widerstehen ihr nicht

Auch Wärme bedeutet Gefahr für den, der sie liebt
ist sie nicht zu vermeiden
Verursacht Leiden
weshalb man sich als Lebewesen gern in Gefahr begibt.

Sich trauen

Manx würde zu gerne Rojos Freund sein
Doch der geht nicht ein auf seine Angebote
Zeigt im Vorbeigehen seine Abwehr mit der Pfote
Und spielt lieber mit seiner Menschenfreundin oder allein

Voraussetzung für Freundschaft ist uneingeschränktes
    Vertrauen
Und das ist nun einmal nicht zu erzwingen
Es kann nur gelingen
wenn sich beide trauen

Manx ist mutiger
Rojo erfahrener.

Kinkerlitzchen

Wenn eine meiner liebsten Freundinnen mir wieder einmal
    Kinkerlitzchen
schickt, freue ich mich wie in Kindertagen
Dieses Mal war es ein Anhänger mit zwei sich umarmen-
    den Katzen, sie ist
Katzennärrin wie ich.
Katzen sind Freudenspender in allen Lebenslagen

Der Katzenanhänger baumelt an meinem Schreibtisch
Manchmal verpasst Rojo ihm einen Prankenhieb
So als wäre er eifersüchtig
dass es auf dem Schreibtisch neben ihm noch weitere
    Artgenossen gibt.

Wie ich

Rojo liebt es, wenn ich mit ihm rede
Mit lautem Schnurren antwortet er mir
Da er nie widerspricht ist jede
Unterhaltung ein Pläsier

Und unterscheidet sich von einem Selbstgespräch in
    folgender Manier:
Ich erzähle ihm einen Traum in dem ich wieder einmal
    nackt davonrenne auf dunklen Wegen
Er kennt das, denn ich sehe wie sich in seinem Träumen
    die Pfoten bewegen
und manchmal stößt er dabei aufgeregte Laute aus –
    eher ängstlich

Dass er träumt ohne Fell zu rennen, ist eher unwahr-
    scheinlich
Aber er kann träumen – wie ich.

Verwandte

Manchmal schlafen wir ein – gemeinsam
Pfote in Hand
Zusammen sind wir niemals einsam
Rojo ist zwar mit Manx und Puschi näher verwandt

Aber unsere Freundschaft schätzt er mehr
Sie ist zuverlässiger

Dann schnurrt er leise zustimmend während ich wieder
    einmal zitiere:
„Freunde sind Gottes Entschuldigung für Verwandte" *
Ich hatte vergessen, dass er das Zitat schon kannte.

* Bernhard Shaw

Ein Blatt Papier

Am liebsten spielt Rojo mit einem Kugelschreiber
Gezielt sucht er ihn sich auf dem Schreibtisch aus
Nur schreiben kann er nicht – leider
Dafür inspiriert er mich

Heute hat er schlechte Laune, ist ärgerlich
Im Vorbeigehen erhält Manx einen Seitenhieb
Der legt die Ohren an
Kennt das hierarchische Prinzip

Ist aber kein Untertan
Rojo meint: Auch eine Form der Demokratie
mit viel Phantasie
Daraus einen Reim zu machen überlasse ich dir
Du brauchst dazu nur zum Kugelschreiber noch ein Blatt
    Papier.

Ruhekissen

Mein dicker Kater Manx
hat seinen Lieblingsplatz immer im Sinn
Gescheit wie er ist, wartet er ganz
geduldig bis ich eingeschlafen bin

Dann sucht er sich eine bequeme Einschlafstellung auf mir
Schnurrt behaglich in gewohnter Manier
und lässt mich wissen:
So ein Mensch unter mir ist ein sanftes Ruhekissen.

Gedankenspiele und Wortmalereien

Prophezeien

Ein schönes Datum – 19.9.19 – es ist inspirierend
Verleiht seinen Tagesbetrachtern Flügel
Depressionen sind ihnen heute fremd
mit Ausblick über das Tal – von einem grünen Hügel

Ist der Alltag ein Kinderspiel
Viel zu viel
Glücksgefühl
für einen Tag ohne Erwartung, ohne Ziel

Und deshalb verführt er zu Gedankenspielereien
Wer könnte ihnen widerstehen – ohne Freude zu
    prophezeien.

Ja dann

Wer sich selbst keine Freude machen kann
hat es schwer, andere zu erfreuen
Also fang ich den Tag mit Reimen an
So eine Ausrede kann
die unerfreulichsten trüben Gedanken zerstreuen

Und wenn meine Freundin darüber lachen kann
Ja dann
handelt es sich um: einen einigermaßen Freude spenden-
    den Tagesanfang.

Keinen Pfifferling wert

Sich gegen das Alter zu wehren
ist nicht ratsam
Die Naturgesetze lehren
Akzeptieren ist Balsam

Protestieren ist die Macht der Jugend
Macht hat mit Tugend
wenig im Sinn
Sie ist ohnehin

wie die Geschichte lehrt
vorübergehend – keinen Pfifferling wert.

Flüchten

Ein Geschenk ist es, in die Geborgenheit des Lesens
    zu flüchten
Man könnte es Weltflucht nennen
Doch auf der Flucht entstehen die seltsamsten Gedanken
    und Geschichten
die dazu führen, andere zu beschenken und sich von
    Vorurteilen zu trennen

Sich nicht mehr nach der Meinung anderer zu richten
ist Voraussetzung zum Dichten
Für den Leser Grund genug zu flüchten.

Verführerisch

Begabung heißt intensiv wahrzunehmen
um Sinneseindrücke in eine individuelle Form zu bringen

Wenn sie anderen gefällt heißt es Kunst
Sich dazu zu bekennen in Verbindung mit Schicksals-
    Gunst

kann nur gelingen
wenn der Begabte überzeugt ist:
Eine Einheit ist das was du tust und was du bist

Du bist der Repräsentant
Deine Anhänger sind seelenverwandt

Du inspirierst sie und sie inspirieren dich
gegenseitig – verführerisch.

Zum Leuchten

Keine Energie auf unserer Erde geht verloren
Aus Raupen werden Schmetterlinge geboren

Ist es vorstellbar
dass aus unseren Seelen ein neues Energie-Feld entsteht

Vergleichbar der Elektrizität
Auch sie ist existent aber nicht sichtbar

Und wir erhellen dann Milliarden von Sternen
Bis jeder einzelne in einem schwarzen Loch versinkt

Um einen neuen Kosmos zu bilden
der das Phänomen Ewigkeit zum Leuchten bringt.

Ein geruhsames Leben

Wenn die stärkste Schwäche gleichzeitig eine Kraft ist
und dir bewusst ist, dass du widersprüchlich bist

Darfst du dich auf einer Insel träge zurücklehnen
und in der Stadt hektisch nach der Insel sehnen

Nur eines darfst du nicht anstreben:
Ein geruhsames Leben.

Sentimental

Wenn das Wunder Dasein mit Dankbarkeit erfüllt
Jeder Tag ein Geschenk ist
und aus allen Ritzen und Gemäuern Leben quillt
vermisse ich die Großstadt nicht

Dankbarkeitsgedanken werden wie Yoga, sind ein Ritual
Machen besonnen und manchmal auch sentimental.

Galgenhumor

Die Enttäuschung in Verbindung mit nicht erfüllten
    Erwartungen
lässt sich hervorragend an anderen zur Kenntnis nehmen
Die eigenen verberge ich in Bemühungen
Sie erst einmal nicht wahrzunehmen

Sie in Vorwürfen zu verstecken
Sie zu überwinden
Um ganz allmählich zu der Einstellung zu finden:
Ohne Erwartungen ist das Leben heiter

Geht Schritt für Schritt weiter
Noch ziehe ich ihn der Gelassenheit vor
Den Galgenhumor.

Erwartungen

Wenn das Selbstvertrauen aus Mangel an Vertrauen
wieder einmal sich selbst in Frage stellt
suche ich nach Gründen
in meiner überschaubaren Inselwelt
Viele lassen sich finden

Nach dem Ausschlussverfahren ist mir schließlich eine
    Erkenntnis gelungen:
Zu hohe Erwartungen.

Umgeben

Ein langsamer Prozess
Ein köstliches Mahl
Ganz ohne Gewissen verzehre ich es
wieder einmal

Selbsttäuschung – eine Vegetarierin zu sein
Die Landhühner hatten vorher auf der Insel ein schönes
        Leben
Rede ich mir ein
Und bin als Possibilistin eine von den Istinnen – von
        Illusionen umgeben.

Das Einzige

Delegieren ist eine Kunst, die erlernbar ist
Auch ohne Begabung kann man sie erwerben
Wenn du nicht überheblich bist
erkennst du beizeiten: Das Einzige was du allein machen
    musst ist: in Frieden sterben.

Inselwunderland

Freiheiten

Geduld habe ich mir rezeptiert
Ein Heilmittel, das immer mit Erfolg endet
sofern man es denn anwendet

Auf Vorbilder zurückzugreifen ist hilfreich
Wenn sie besonders eigenwillig sind, fällt der Versuch
    leicht

Die Insel bietet Geduld-Suchern unendliche Möglichkeiten
Sie ist eine wahre Schatztruhe für Sucher von Freiheiten.

Ziemlich laut

Cala Nova ist und bleibt mein Lieblingsstrand
Meerblick, leichte Brise und *tapas** in Bartolos Bar
Erinnerungsspuren – nicht nur im Sand
Und immer sitzen Freunde da

Im Laufe der Zeit ist ihr Anblick wie das Meer – verändert
    und vertraut
Ihre Stimmen wie eh und je – ziemlich laut
Dann schaue ich aufs Hotel statt aufs Meer
Auf das Fenster hinter dem wir unseren ersten Inselurlaub
    verbrachten

Lang lang ist's her
Die Insel wurde ein Ort an dem wir nicht nur Ferien
    machten.

*Span. Kleine Portion ('Deckelchen')

Baukunst

Beharrlich sammle ich Steine
Wie alle Inselbewohner vor mir – in langen Stunden
Mit ihnen lassen sich feine
Abgrenzungen und sogenanntes Unkraut auf Terrassen
    umrunden

Die Insel ist ein Terrassen-Paradies – umgeben von Licht
kunstvoll sind sie aufeinander geschichtet
Die alte Baukunst ohne Bindemittel beherrsche ich nicht

Mit roter Erde verschließe ich die Schlupflöcher-Ritzen
Eidechsen und Mäuse lieben sie
Ein ideales Versteck um hinein zu flitzen
aus purer Lebens-Energie oder -Strategie

So eine Naturstein-Mauer erfreut nicht nur die Beschauer
    und Erbauer
Sie ist Bestandteil im Insel-Wunderland
wie die Pinien, das Meer, der Strand.

Bei Regen und Sturm

Behaglich zu sitzen unter dem alten Olivenbaum
lockt Vergangenheitsgeister an
Über tausend Jahre ist er alt – wer pflanzte ihn?
Oder suchte ein Olivenkern seinen eigenen Lebensraum
für den Zeit unabhängig war von menschlichen Generati-
onen, ihren Kriegen, ihrem Wahn

Eine unterirdische Behausung scheint es an seinem Lebens-
stamm zu geben
Die Bewohner habe ich nie gesehen
Doch bestimmte Spuren weisen auf verborgenes Leben
Für eine kleine Weile scheint die Zeit still zu stehen

In seiner Kindheit nahmen die Mauren die Insel ein
Wer werden nach den Touristen die nächsten In-Besitz-
Nehmer sein

Dem Alten ist das ziemlich egal
solange der *camino* nicht zu einer Straße wird in seinem
Tal
zur Zeit bietet er dem Falken einen Aussichtsturm
Vielleicht auch ein Zuhause bei Regen und Sturm.

Untergang

So sind sie – die Natur-Wunder
In Form- und Farbenpracht geht am Abend die Sonne
    unter
Der Zuschauer empfindet so etwas wie Andacht
Ein Anblick wie der eines Kindes das lacht

Teil des Ganzen zu sein – spektakuläre Minuten lang
Ein Sonnenuntergang
der Melancholie einschließt
Denn keiner weiß, ob es nicht der letzte ist.

Ein Privileg

Wenn die Sonne farbenprächtig hinter Siesta untergeht
und Himmel und Meer ein Farbspektakel bieten ist der
    Anblick wie ein Gebet
sitze ich an der Cala Martina
„Como siempre?" * fragt Pepe, bringt mir einen *chupito**
    und sofort ist auch die Bar-Katze da

Heute gibt es nichts zu essen, sage ich
Doch am Nachbartisch duftet es nach Fisch

Das Strandkatzen-Leben ist erträglich
Den lästigen jagenden Hunden geht Katz aus dem Weg
Auch im Winter kommen hungrige Touristen täglich
Alle wissen, hier zu leben ist ein Privileg.

* Span. Wie immer?
* Span. 'Kurzer' (Getränk)

Cala Martina

Ein Tag wie ein Bild meiner Freundin
Farbenprächtig, geheimnisvoll glitzernd
wohin
man schaut – Frohsinn
Nur ganz entfernt
Donnergrollen – kein Trübsinn im Sinn
Am Horizont treffen sich Himmel und Meer

Wer
von all den Touristen
will schon auf diesen Anblick verzichten
in der wunderbaren Strandbar
in der Cala Martina

Auch im Winter ist sie Treffpunkt der Residenten – begehrt
Ein Platz an der Sonne und an jedem Abend einen *chupito*
    wert.

Nicht Jedermann

Ein Augentrost ist der Meeresanblick
Blaue Grenzenlosigkeit soweit das Auge reicht
Vielleicht haben Inselbewohner das Glück näher an der
    Unendlichkeit zu sein
Allein
in ihrer kleinen Welt
umgeben von Tiefen die unerforschter sind als das
    Himmelszelt

Dass Meeresanblick Trost spenden kann
versteht nicht jedermann.

Vermissen

Du bist eine Persönlichkeit
mein alter knorriger Feigenbaum
In der Abgeschiedenheit
der unteren Terrassen führst du dein Eigenleben
Manchmal sprichst du mit mir im Traum

Deine Äste wachsen nicht der Sonne sondern der Erde
     entgegen
Dadurch ist ein Rundzelt entstanden
Dich zu meiner Schutzhütte im Sommer zu machen
damit bist du einverstanden

und meinst: Schutzsuchende muss man überdachen
Aber sehnst du dich nicht nach dem Komfort eines
     Sonnenschutzes mit Aussicht, willst du wissen
Nein, solange ich unter deinen Fittichen lesen und reimen
     kann werde ich den prachtvollsten Sonnenschirm
     am Strand nicht vermissen.

Was will ich mehr

Ein Sonntag wie heute
ist die reinste Freude

Einen alten Freund traf ich nach Jahren
Wir staunten und redeten stundenlang
Menschen, die einmal Teil des Inselalltags waren
bleiben Freunde ein Leben lang

Unser Treffen endete mit einer Wanderung am Meer
Der Strand war menschenleer
Was will ich mehr?

Ans Meer

Sich selbst eine Freude zu machen fällt schwer
Andere zu erfreuen gilt als altruistischer

Ohne selbst Freude zu empfinden kein Altruismus
Da fäll mir ein, dass ich dringend ans Meer muss.

Liebesnest

Einen ganzen Nachmittag lang
am Strand – Möwengesang
und eine leichte Brise
Stunden wie diese

prägen sich dem Gedächtnis ein
Erinnerungs-Sonnenschein

der in grauen Zeiten Wolken durchdringt
Farben entstehen lässt
Melancholie in die Flucht zwingt
Wie ein Liebesnest
ist dieses Versteck am Meer
gestreichelt von einer Brise und der Gewissheit:
Niemand raubt es dir.

Genügsamkeit

Heute treffe ich jemanden der gerne mit mir zusammen
    isst
Wir speisen Fisch und schauen übers Meer
Mehr
ist
gar nicht notwendig
Wir genießen es zu spüren:
Eine einfache Vorliebe zu zweit
ist mehr als doppelte Genügsamkeit.

Mon amour

Kein Laut ist zu hören
Die Natur hält ihren Mittagsschlaf im Neuen Jahr
Eine weiße Blüte leuchtet am alten Feigenbaum
Wie in jedem Jahr – schon Anfang Januar
Das Leben ein Traum
im Einklang mit der Natur
Noch eine kleine Weile bestaune ich das Wunder in
    Dankbarkeit
mon amour.

Die Natur

Die auf der Terrassen-Glastür aufgeklebten Schmetterlinge
    als Vogelwarnung
flattern im Wind – in Wirklichkeit
bewegen sich die Äste des *Sabina*-Baums, die im
    Hintergrund sind
Alles ist in Bewegung ringsum

Blitze kündigen das Gewitter an
Alle Katzen belegen ihre Lieblingsplätze in der *casita*
Die Natur zieht uns in ihren Bann
Der damit verbundene Regen ist ein Segen – schon klatscht
    er auf die Pergola.

Wohlfühl-Ort

Von Zeit zu Zeit breiten die Insel-Geister ihre Flügel aus
Und verwandeln mein kleines Holzhaus in einen
    Wohlfühl-Ort

Nur dort
möchte ich leben
Mich dem Zauber im Pinienwald ergeben
und der *morning glory* zuschauen, wie ihre Blüten in den
    Himmel wachsen
Die zufriedensten Mitbewohner sind meine Katzen.

Alternativen

Solange ich lebe bringe ich mich in Gefahr
Weit ins Meer hinaus zu schwimmen
gehört nicht zu den schlimmen
Herausforderungen, denn mir ist klar

Am Abend erwarten meine Katzen ein feines Mahl
Abwesenheit tolerieren sie
Auf keinen Fall eine Vielzahl
von Verspätungen – Überlegungen: Wo bleibt die?

So ein Insel-Schicksal bietet viele Alternativen
Und kokettiert mit den Geistern die wir riefen.

Bereitwilliges Publikum

Ab 25 Grad im Schatten sind die Zikaden in ihrem Element
So ein Zikaden-Mann kennt
nur Gesang
um seine Liebste zu betören

Stundenlang
lässt er im Orchester seine Sehnsucht hören

Die Dämmerung beendet das Konzert
Dann belohnen die Umworbenen die Musikanten und
    ihre Werbung
Was wieder einmal beweist: Laute Musik, Ausdauer und
    Herz
finden immer ein bereitwilliges Publikum.

Im Sinn

Abendstimmung und Zikaden-Konzert
Die Natur in ihrer ganzen Pracht
Sie schafft Seelenruh und beschert
so etwas wie Andacht

Und andächtig gebe ich mich der Konzert-Musik hin
Mit nichts als Dankbarkeit im Sinn.

Im Pinienwald

Wenn ein Reim die Morgenverdrossenheit wieder einmal
      in die Flucht schlägt
breitet sich farbige Herbststimmung aus
Die Yucca-Palme trägt
einen weiß leuchtenden Blüten-Turban – der überragt
      das kleine Haus

Katzen und Spatzen sitzen auf ihren Lieblingslätzen
Auch sie wissen unser Versteck im Pinienwald zu schätzen.

Inselwelt

Wer sich einmal für eine Inselwelt entschieden hat
lebt beschränkt
Sie hat einen negativen Beigeschmack von Anti-Stadt
Lenkt
von Menschen ab
und lässt am Horizont den Himmel die Erde berühren
So ein Zusammentreffen muss einfach verführen
Und wenn es für den Rest des Lebens anhält
Bleibt sie die Verführerin – die Inselwelt.

Eigentümlich und eigenwillig

Höflichkeit

Auf eine dumme Art gescheit zu sein
wie Hesse unter anderem den Eigensinn nannte
macht das Leben nicht unbedingt leichter
Man fühlt sich nur gescheiter

Die ganz Gescheiten hätten im Alter noch eine Waffe
    neben Eigensinnigkeit
Und die wäre: Höflichkeit.

Erkunden

Vor mich hin sinnieren
Mich selbst zu Unsinn verführen
gehört zu den Tages-Simulationen
die sich lohnen

Mit Gedanken zu spielen
Abstand zu fühlen
von Trauer und Melancholie
Sie sind wie Homöopathie

Eine alternative Eigenbehandlungs-Methode
Verfügbar bis zum Tode
für alle, die es nicht versäumen
Rätselhaftes zu erkunden – davon zu träumen.

Nach einer Lese-Nacht

Wenn ein Buch mich wieder einmal so fasziniert
dass ich bis zum frühen Morgen lese, weiß ich
Schreiben verführt
Und lesen macht süchtig

Oder umgekehrt
Nino Haratischwili erzählt von Liebe und Tod, Schuld
    und Sühne
Sie ist ein Schreib-Genie, das lehrt:
Kunst ist eine Zauberkraft, die es schafft
Menschen zu verführen
Sie wie eine Melodie in eine andere Lebensart zu trans-
    ponieren
und die eigene Dankbarkeit wahrzunehmen – nach einer
    Lesenacht.

Synästhesie

Schutzräume aus Worten
Sie leuchten gelb – meine Farbe der Melancholie
Zu diesen Orten
flüchte ich – Poesie
verheißt Zuversicht
Schreibend eintauchen, so wie ich einige Farben meiner
    Malerfreundin fühlen kann
Eine Welt der Phantasie
oder der Synästhesie.

Lücken

Wenn ein Gedanke sich wieder einmal mühsam seinen
    Weg vom Kopf auf ein Blatt Papier gebahnt hat,
    stelle ich fest:
Auf dem langen Weg hast du deine Faszination verloren
Ursprünglich war ich begeistert von dir und dem Um-
    wandlungs-Prozess
Ich hatte dich für ein Gedicht auserkoren

Die Verwandlung in Schrift ist dir schlecht bekommen
Der Gedanke bestätigt: Längere Wege haben so ihre
    Tücken
Solange du meinen nachvollziehen kannst, beschreib
    einfach auch die Umwege, die Lücken.

Tages-Optimist

Ein besonderes Datum: 20.2.20 verheißt Tages-Harmonie
sage ich mir
Und schon beginnt sie
Nicht die Harmonie, aber die Lust mit Stift und Papier
mich zu fühlen wie ein Tages-Optimist
was ungefähr das Gleiche ist.

Rückzugsorte

Lesen ohne ein Buch in der Hand zu halten
ist nur ein halber Genuss
Bücher sind Geschichten zum Anfassen
Sie auf die Technik zu verbannen ist wie ein Kuss
durch eine Glasscheibe
Gut für den Geist aber bleib mir vom Leibe

Sie nur mit den Augen zu betrachten
ist wie sich freuen ohne zu lachen

So ein Buch will gehalten werden, liegt in den Händen
beansprucht Berührung und das Empfinden, Tast- und
    Schönheits-Sinn zu verschwenden

Sie rascheln und knistern, man kann sie mit sich herum
    tragen
oder hat das Vergnügen, auf tausende von bunten Buch-
    rücken zu starren

Für manche sind Bücherregale ein Schlafplatz
Sie sind die idealsten Rückzugsorte – auch für die Katz.

Das Phänomen

Wer anfängt Phänomene wahrzunehmen
für die es keine vernünftige Erklärung gibt
wird entweder religions- oder wissenschaftsgläubig
oder befasst sich

mit anderen unbequemen Erklärungsmethoden
Aufschreiben ist eine von denen
Das erklärt zwar nicht das Phänomen
ist aber für den

der nicht aufhören kann Ursachen hinterher zu hetzen
ein Weg, sich mit anderen Suchenden in Verbindung zu
setzen.

Eine andere Geschichte

Die Zeit
in der wir zu zweit
es liebten am Morgen lange zu frühstücken
ist längst vorbei

Jetzt fülle ich die Zeit-Lücken
mit Reimen und allerlei
anderen unbedeutenden Kunststücken
Diejenigen, denen Reimen nicht gefällt
finden andere Ersatzbefriedigungen in der großen weiten
    Welt

Eine alte Freundin widmet sich einer sinnvolleren
    Beschäftigung
wie sie meint – sie meditiert
mit der ihr eigenen Hingebung
Sie wäre weniger ehrgeizig und ambitioniert
Leider aber auch deprimiert

Früher gefielen ihr meine Gedichte
Aber das ist eine andere Geschichte.

Gespenster

Angst-Gespenster zu verscheuchen ist ebenso mühsam
wie freudenspendende herbei zu locken
Beides stachelt den Mutwillen an
Ausschließlich auf der *finca* zu hocken

macht nur dann Sinn
würde die Finca-Hockerin

Freud und Leid stoisch ertragen
Dann zieht sie es doch vor, sich mit Angst- und Freuden-
Geistern herum zu plagen.

Wohlergehen

Etwas zu vergessen ist ebenso wichtig wie etwas zu
behalten
Man muss es trainieren
Immer wieder ausprobieren
und all die alten

Verletzungen aus dem Gedächtnis entfernen
Das heißt lernen
Dem Gedächtnis zu suggerieren:
Das darfst du vergessen

Sei nicht so versessen
darauf sündenlos zu werden
Dann wird es dir wohl ergehen auf Erden
Nicht erst posthum
wie es verheißungsvoll heißt im Christentum.

Kleine Wunder

Wenn mir ein rätselhaftes Phänomen wie ein Wunder
    vorkommt in meinem Eigensinn
wird mir bewusst, dass ich wundergläubig geblieben bin
An eine alte Freundin aus längst vergangenen Zeiten
    dachte ich intensiv
Da klingelt das Telefon, sie lacht: Gerade hörte ich deine
    Stimme die mich rief
Dann bedanke ich mich bei der unsichtbaren Macht,
    die kleine Wunder wie Gedankenübertragung schafft.

Wunder geschehen

Wieder einmal sieht es so aus als bestünde nicht die
    geringste Chance Erfolg zu haben
Das ist spannend und reizt zum Ausprobieren
Was kann schon passieren

Wünsche zu begraben
ist weniger traurig als keine zu haben

Sollten sie wirklich in Erfüllung gehen
bleibt alles wie es ist – nur neue werden entstehen
was so viel heißt wie: Wunder geschehen.

Unvermeidbar

Wenn der Zufall seine Falle zuschnappen lässt
und der Gefangene sitzt im Zufalls-Raum fest
schaut er sich zunächst sein neues Gefängnis an
und entscheidet dann:

Flucht oder bleiben
Sich in einer Falle die Zeit zu vertreiben
ist nur für DIE Zufallsgläubigen ein Gewinn
die von sich meinen: Ich bleibe die, die ich bin

Flucht wäre eine Option
Aber sind Zufälle nicht wie Einfälle:
Unvermeidbar und Teil der Lebens-Illusion.

In diesem Augenblick

Luxus pur
Nur

Sonnenschein
Zufrieden-Sein

So ein Tag ist heute
Lebensfreude

Hast du kein schlechtes Gewissen
lassen mich die Altruisten wissen

Nein
Ich nehme mir das Recht, in diesem Augenblick zufrieden
    zu sein.

Zeile für Zeile

Wenn viele der guten Freunde Bücher sind ist es leicht
kurzfristig in spannender Gesellschaft zu sein
So ein Buchfreund weicht
nicht von deiner Seite, lässt dich auch in dunklen Nacht-
    stunden nicht allein
Schleicht sich in deine Gedanken ein

Lässt Sprachbilder entstehen für eine lange Weile
Lebensbeistand – Zeile für Zeile.

Mut

Gedanken, die einem plötzlich zufallen
und die Unlust verjagen
sind von allen
die, die am meisten behagen

Nur das was man gern macht, macht man gut
Und was man gut macht, macht Mut.

Von ganz allein

Immer dann
wenn ich fürchte:
Nichts fällt mir ein
löst sich der Bann
und von ganz allein
stellen sich Bilder ein

Eine Eidechse kann der Auslöser sein
So wie du möchte ich durch kleinste Ritzen flitzen
Im Zweifelsfall den Verfolgern ein kleines Geschenk
hinterlassen
das ablenkt
Mit dem sie sich befassen
während das Schicksal die nächste Zufluchtsstätte schenkt.

Lachen

Ein Gott, der lacht
wurde niemals dargestellt
So ein Gott hat zwar das Lach-Wunder vollbracht
aber selbst nicht gelacht

Er schuf eine Welt von Gläubigen
Von Sündigen

Auch sein Sohn konnte sie nicht wieder zu einem Paradies
    machen
Ihm fehlte ebenfalls das Lachen.

Wie das Tageslicht

So sind sie, die Glücksmomente, sie verweilen nicht
Doch sie kehren immer wieder zurück
Wie das Tageslicht
Nur bleiben, sagt Fortuna, die Glücksgöttin, kann ich
   nicht

Mein Dasein würde dir die Sehnsucht rauben
Du musst nur vertrauen, an mich glauben
Weil ich eine Göttin bin, hielt man mich für wankelmütig
und entschied sich für eine männliche Version – eher
   vorwiegend gütig

Das war vor zweitausend Jahren
Inzwischen kommen Zweifel auf an dem allmächtigen
   Gott und seinen himmlischen Heerscharen
So eine gleichberechtigte Göttin an seiner Seite würde
   vielleicht schon
die Menschen glücklicher machen als sein gekreuzigter
   Sohn.

Lebensfroh

Schreiben heißt sublimieren
ist eine mögliche Form
Eine andere ist lamentieren
ein weniger erträgliches Symptom

Wer leidet sucht nach einer Umwandlungs-Methode
Glück möchte man für sich behalten
Leid mitzuteilen ist wie eine Droge
zunächst verschafft sie Leid-Freiheit und die Illusion
seine Geschichte selbst zu gestalten

Doch dann beginnt die Abhängigkeit
Wer schreibt ist bereit
zu diesem Risiko
Schreibsüchtig zu sein macht lebensfroh.

Behaglichkeit

Wenn ein eigener Reim
sie wieder weckt – die Schreiblust
kann er so übel nicht sein
sage ich mir ungewohnt selbstbewusst
und richte mich behaglich in der Schreibecke ein

Leider zeichnet sich Behaglichkeit oft durch Nichts-Tun aus
und statt zu reimen schaue ich zufrieden in die Landschaft
    hinaus
und denke kühn:
Er bleibt mir erhalten – der Eigensinn.

Unabhängig

Eigentümlichkeit und Eigenwilligkeit sind ein Paar
Sie leben in ihrer Zweisamkeit solange in Eintracht
Wie die Umwelt akzeptiert: Sie sind untrennbar
Eine persönliche Macht
die unabhängig macht.

Reim-Lust

Behalten

Tageserlebnisse zu verdichten
ist eine Leidenschaft
Manchmal geht es darum ihre Alltäglichkeit zu
vernichten
Dann schafft

die Umwandlung genau das
was Freude macht
Ein Rundgang am Meer führt durch kniehohes Gras
und mit aller Macht

erwacht
die Lust den Augenblick festzuhalten
Nicht mehr und nicht weniger bedeutet die Freude
am Reim
dem zufälligen Bewusstsein
sie im Gedächtnis zu behalten.

Langweilig

Weiß streichen ist eine Leidenschaft
Einmal angefangen ist kein Gegenstand sicher
Von Pfannen bis zum Besenstil – alles wird dauerhaft
blütenweiß und ansehnlicher

Die Katzen fliehen schnell
Man weiß ja nie
So ein leuchtend weißer Fleck auf schwarzem Fell
eine Herausforderung – die Weiß-Streicherin liebt sie

Am Ende der Streichlust steht fest:
Grün ist auch eine Farbe, die sich gut ertragen lässt
Die Natur hat schon den Anstrich übernommen – zum
    Glück
Sie findet weiß langweilig.

Bunter

Als alles blütenweiß gestrichen war
und die Außenküche wie ein Schmuckkästchen aussah

legte ich eine Streichpause ein
Maisonnenschein

Duftender Salbei, blaublühend
den Duft verströmend

Wie ein Wunder
Nur Träume sind bunter.

Wiederkehr

Es gibt Tage
an denen wage
ich mich hinaus ins Meer
Wer
liebt nicht ein Meer aus Worten und Geschichten
die gleichzeitig Alltag und Tagträume verdichten

Ihre Wirklichkeit verlieren
Wie Träume einfach entstehen
Einen unbekannten Weg gehen
Sich verirren

Neue Umwege ausprobieren
Und ihre alten
im Gedächtnis behalten

Reimen ist wie schwimmen im Meer
Der Horizont ist gleichzeitig Fernziel und Wiederkehr.

Verwehrt

Das letzte Wort ist gleichzeitige der Titel
So einfach ist ein kleiner Zufallsreim
Er kommt daher und macht fidel
Nur ein Ausdruck – in diesem Augenblick verliebt in
    die Gegenwart zu sein

In einer Bar am Meer
Mit Blick in die Unendlichkeit
mehr
Freiheit
ist nicht erstrebenswert

Wer den zufriedenen Augenblick nicht ehrt
dem bleibt zukünftige Gelassenheit verwehrt.

Im Geheimen

Wenn eine alte Freundin, die mit mir hadert, meint
meine Reime würde ich mit dem Ehrgeiz zusammenfassen
sie der Nachwelt zu hinterlassen, irrt sie sich

Ich kann nur das Reimen nicht lassen
Und meine kleine Fan-Gemeinde amüsiert sich, kontaktiert
mich

Und trägt dazu bei, immer weiter zu reimen
Das führt zu der Illusion, ich wäre eine Dichterin –im
Geheimen

In Wirklichkeit vergnüge ich mich ohne auf Zustimmung
zu warten
Andere spielen Karten

was immer noch erfreulicher ist als auf Enttäuschungen
zu warten
in einem schönen Haus mit Garten.

Mit Lust

Reime zwingen mich dazu
auf lange Ausschweifungen zu verzichten
Und doch sind sie nur ein Rendezvous
mit der langen Lebensgeschichte die zu verdichten
ich mir vorgenommen habe

So sind sie, meine Vorhaben
Manchmal trage ich sie zu Grabe
um mich an alten Gewohnheiten zu laben
und mir zu sagen:
Was immer du tust
tu es mit Lust.

Nicht vorstellbar

Wie Sternschnuppen fallen Gedichte in mein Leben
Immer wieder
Sie durchweben
den Alltag mit Poesie, sind wie Lieder
aus einer längst vergessenen Zeit
und gleichzeitig hautnah – wie ein Kuss
Ein Genuss
Eine Kostbarkeit
Selbst in Träumen wahrnehmbar
Ein Leben ohne Reime ist nicht vorstellbar.

Verbummeln

Die Furcht, meine Reim-Geister würden sich ein anderes
    Opfer suchen, ist unberechtigt
Sie ziehen sich zwar manchmal zurück
fühlen sich vernachlässigt
Doch zum Glück
wissen sie: Auf die ist Verlass

Sie erlaubt uns selbst Einlass
in ihre Träume – ein wahres Reim-Paradies
in dem sich kuriose Worte tummeln
Ein exzellenter Service
mit dem wir stundenlang unsere Zeit verbummeln.

Abhängigkeiten

Manchmal reime ich im Traum
Dann greife ich nach dem Aufwachen zu Papier und Stift
bereitgelegt auf dem Tisch
So ein Reim meint wie ein Clown:
Ich unterhalte dich

Nur in diesem Augenblick biete ich dir Einfälle plus
    Rhythmus
Zum Schluss
musst du ganz allein entscheiden:
Erfreue ich dich oder bin ich nur eine deiner Abhängig-
    keiten.

Alltags-Frust

Mit dem Stift in der Hand besser denken zu können
ist meine Lieblings-Illusion
Kleine Gedanken-Schnitzel auf dem Weg vom Kopf in
    die Hand beim Namen zu nennen
weckte immer schon

Die Lust am Reimen
sie langsam sichtbar zu machen mit Pläsier
auf einem
Blatt Papier

hat immer schon Mut gemacht
Du bist nicht allein mit deiner Reim-Lust
Früher hattest du nur den Verdacht
Heute weißt du: Sie ist eine weit verbreitete Kraft
nicht nur bei Alltags-Frust.

Eigene Wege

Novembertage haben ihre Tücken
Auch auf einer Sonneninsel
lässt sich Trübsinn nur dann überbrücken
wenn Stift und Pinsel
in Reichweite liegen
und beharrlich davon ausgehen
Trübsal und Trauer zu besiegen

Wir sind deine Helfer – vertrau uns
und unserer Kunst
eigene Wege zu gehen.

Im Sand

Ein weißes Blatt Papier
ist immer eine Aufforderung
Jetzt und hier
ist es stellvertretend für die Umwandlung
von Gedanken in die sichtbare Manier
sie anzuschauen
Ihrem Sinn zu vertrauen

Schwarz auf weiß
Was soviel heißt:
Du kannst sie betrachten
Auf ihre Ausdrucksart achten

Um dann festzustellen
Sie sind wie Meereswellen
In ständigem Wandel und gleichzeitig bekannt
Wenn sie ihr Ziel erreichen und sich verlaufen im Sand.

Meer und Reim

Auch an trüben Tagen besuchen mich die Reim-Geister
Sie sind immer willkommen – das wissen sie
Mit ihnen fällt die Alltagsbewältigung leichter
Sie verscheuchen Melancholie

Sind eine Garantie
für Ablenkung – verleiten zu Träumerei
und anderen Illusionen
Glaube an Zauberei

und daran, es würde sich lohen
schon mit Meer und Reim
Allein
mit sich im Einklang zu sein.

Unsinn

Ein Anagramm oder Palindrom fasziniert mich
Doch ich begnüge mich mit Reimen
Die heimlich produzierten Palindrome erzähle ich keinem
Sie sind wie Unsinns-Meditation
Wen interessiert das schon.

Spielgefährten

Reimen ist Nachdenken mit dem Stift in der Hand
Wenn die Reimgedanken auf dem weißen Blatt Papier
    angekommen sind
hat sich das Buchstabengewand zwar sichtbar gemacht
Doch oft wirken sie wie ein Kind

das die Bedeutung des Wortes Macht
noch nicht kennt
Es möchte wahrgenommen werden
Schaut her – in diesem Moment
will ich spielen, lachen und weinen

Führt das bei euch zu Reimen?
fragt das Kind
Egal – Hauptsache ich habe Spielgefährten, die nicht
    langweilig sind.

Schreibseligkeit

Experiment statt Happy-End

Schreibseligkeit ist das Wort, das vom Tage übrig bleibt
Wer schreibt, der bleibt mit sich und der Zeit nicht glückselig
    aber bereit
teilzunehmen
an jenen Tagesphänomenen
die im Gedächtnis einen Hochsitz einnehmen

Experiment
statt Happy-End.

Nebensache

Nichts ist befreiender in problematischen Situationen
als die Beschäftigung mit Sprache
mit Gedanken, die in den Ursachen wohnen
nach einer Verarbeitung zu suchen – manchmal einer
    Nebensache

Eine der schönsten Nebensachen der Welt ist schreiben
Ist verbunden mit Festhalten-wollen
Jede Geschichte will Erinnerung, will bleiben
Am liebsten weitererzählt werden von den Enkeln, die
    nur die schönsten erzählen sollen.

Die Freude an neuen Geschichten

Einen Ort gefunden zu haben
an dem man bleiben möchte
ist von all den Schicksalsgaben
die absolut beste

Du möchtest gar keine anderen Länder mehr sehen?
fragen meine Lieben
Nein, in zwei verschiedenen zu leben macht zufrieden
Wenn andere mir von der großen weiten Welt berichten
ist das wie die Freude an neuen Geschichten.

Therapie

Stille umgibt mich
Der erste Tag des Neuen Jahres ist still-voll
Jede Minute genieße ich
fühle mich wohl

Mit all den Katzen in der *casita*
2020 klingt nach Harmonie
und Eintracht
Beim Traubenverzehr um Mitternacht
fielen mir keine Wünsche ein – Insel-Leben als Therapie.

Voraussetzungen

Das neue Jahrzehnt im alten Jahrhundert
beinhaltet Harmonie
2O2O! Wen erfreut und wundert
nicht die Zahlen-Symmetrie

Anlass zu Sorgen gibt es keine
Wenn der einzige Sylvester-Wunsch in Erfüllung geht
wäre das reine
Freude – wie ein erhörtes Gebet

Es muss aber nicht sein
Schon jetzt ist die Beschäftigung mit dem Wunsch
    vergnüglicher als die Erfüllung
Sie lässt Geschichten entstehen und die lädt zum Weiter-
    erzählen ein
Wünsche als Lebens-Ermutigung.

Sorgen-Beschreiber

Ein erfreulicher Tagesbeginn gelingt mit einem Reim
Nachdem ich das Wort ENTWURF auf ein leeres Blatt
    Papier geschrieben habe
richte ich mich mit den Katzen in der Schreibecke ein
und lade
sie alle ein, die Gedanken, die noch verschlafen
auf dem Weg vom Kopf in die Hand wandern
Unterwegs auf Sorgen trafen
die vertrieben werden mussten: Sucht euch einen andern
Sorgen-Beschreiber, der sein Leid zelebriert
Der mich aber, wenn er Fernando Pessoa heißt, fasziniert
Ich lasse euch nur dann in meinen Reim
wenn ihr nach Antworten sucht und nicht nur lamentiert.

In Hülle und Fülle

Wie sanfte Luftschwingungen sind Worte die erfreuen
Sich ihnen zu überlassen kann heilen
Nicht jede Unvernunft ist zu bereuen
Töricht ist es, in ihr zu verweilen

Die Natur bietet Medizin in Hülle und Fülle
Auch Tiere kennen Heilkräuter und wenden sie an
Eine Wunderarznei ist die Stille
Sie zieht alle Heilsuchenden in ihren Bann.

Empathie

Intensiver leben
bedeutet schreiben
Gelebtes mit Phantasie verweben
und das Ungeliebte vermeiden
oder verwandeln in ein Gedicht

Wenn andere sich wiedererkennen
und fragen: so siehst du mich?
heißt das nur, Gefühle beim Namen zu nennen
Poesie
heißt immer auch Empathie.

Unvernunft

Jedes Gedicht
ist wie ein kleines Licht
das angeschaut werden will
Es leuchtet ein wenig in die Zukunft
Zunächst nur bis April
und ist ein Zeichen für Unvernunft
Von Hoffnung getrieben
Wer könnte ohne unvernünftige Hoffnung lieben?

Anerkennen

Ein Gedicht
verbreitet nur bei jenen Zuversicht
die selbst dichten
sich nicht nach alltäglicher Prosa richten

Für die ein Lob beginnt
mit der Feststellung: Die spinnt
In diesem fragilen Spinnennetz hat sie sich eingerichtet
und dichtet

Erst auf den zweiten Blick ist Spinnen eine Faszination
Nicht unbedingt beliebt
Eher eine Illusion
Wer spinnt weiß, dass er einem seidenen Faden vertraut –
    sich seiner Tragfähigkeit hingibt

Netzspinner werden ihre Netze dort aufhängen
wo es ihnen gefällt, und Bewunderer ihre Netzbaukunst
    anerkennen.

Spinnereien

Ohne Unsinn macht der Alltag wenig Sinn
Trübsinn wäre der Tagesbegleiter
Dann doch lieber Leichtsinn
Er führt zwar auf der Sinnsuche nicht weiter
zieht aber andere Sinnsucher in seinen Bann
Und mit ihnen und ihren Phantastereien
ergeben sich dann und wann
erfreuliche Spinnereien.

Unvereinbar

Reimen ist die schönste Form der Melancholie-Ver-
    drängung
Morgenstund hat Reim im Mund
Neugierde auf den Tag
Was immer er bringen mag

Je eigenartiger
umso ablenkender

Den Reim Rojo vorzulesen gehört zu der Eigentherapie
Ich könnte ihn natürlich auch im Lesezirkel vortragen
Aber Melancholie verdrängen ist mit Kritik-ertragen
unvereinbar
Da ist ein sprachloser Zuhörer absolut wunderbar.

Erinnern

Hört sich so ein Morgen-Reim melancholisch an
behalte ich ihn – zunächst – für mich
Da er sich
im Laufe des Tages ja noch verändern kann

Tut er das nicht
Ordne ich ihn ein
unter „Kummer-Reim"
Jammer-Gedichte erblicken nur selten das Ausdruck-
    Licht
Ich lasse sie verkümmern
Das schafft Raum, mich an die freudvollen zu erinnern.

Im Sprachlabyrinth

Erleichterung ist Schreiben
Aufs äußerste angeregt bei sich selbst zu sein
Die erfreulichste Art, sich die Zeit zu vertreiben
Doch dann fallen die Sätze auseinander
Es entsteht kein Reim
Doch Worte führen zu einander

Und die Prosazeit beginnt
Ein neuer Weg im Sprachlabyrinth.

Das Gesuchte finden

Einen Gedichtband abzuschließen fällt schwer
Warum ausgerechnet heute
Nichts am Morgen freut mehr
als ein Wortspiel, ein Zitat
Tages-Anfangs-Freude

Und darauf will ich verzichten
Ein Missverständnis höre ich die Reim-Lust flüstern
Nur dieser Band findet ein Ende – nicht das Dichten
Wer schreibt ist schüchtern

In schwierigen Zeiten darauf angewiesen
Selbstzweifel zu überwinden
Schreibend Sprache zu genießen
So und nicht anders lässt sich das Gesuchte finden.

Künstlerin Natur

Lebensgunst

Auf all die kleinen Naturwunder zu schauen
ist pure Lebensfreude
Dem Schicksal zu vertrauen
So wie heute

Ist Lebensgunst
Einfach nur dasitzen
der dicken Hummel zuzuschauen und sehen
wie sie Strelizien-Blütensaft trinkt.

Wissenslücken

Klitzekleine Stechmücken
sind neue Inselbewohner – sie surren nicht
Diese neue Plage ist kaum zu erblicken
Im Gegensatz zu einem Moskito-Bösewicht

Der lässt sich verjagen
Erschlagen
Netze helfen, seine Gegenwart zu ertragen
in Frühlingstagen

Die neuen Übel sind unsichtbarer
Corona-Virus oder winzige Stechmücken
Immunität gegen all die Plagen wird rarer
Und zwingt zu neuen Einblicken in die unsichtbare Welt
    der Wissenslücken.

Besonnt

Sobald ein leeres Blatt Papier vor mir liegt
muss ich mir keine Gedanken machen
Es will nicht leer bleiben und inspiriert
Zu all den unsichtbaren kleinen Nebensachen

aus denen das Leben besteht
Gerade eben
weht
ein Windhauch das Blatt einer Rose direkt neben

das Tagebuch – im verwilderten Garten
Da liegt es – besonnt
Ich muss nur warten
bis die Brise wiederkommt.

Schicksalslaunen

Die Wortsuche, der Klang
Spiel mit Farben – nachdenkliche Stunden
Immer dann
Wenn irgendwann
die Minuten sich dehnen
sich die Zeit nehmen
im Anblick des Paradies-Vogels zu versinken
Ein orangefarbenes Blütenwesen
an dem Hummeln trinken

So ist es immer schon gewesen
die Natur
Ein Wunder pur

Am Anfang und gegen Ende des Lebens erfüllt sie mit
    Staunen
Dazwischen regieren Schicksalslaunen.

Duft-Poesie

Der *galan de noche** duftet mit dem Rosmarin um die
   Wette
Sie stehen eng beieinander – ein Duft-Wettbewerb
der besonderen Art
Und gleich um die Ecke
duftet der Thymian
Reinster Seelen-Balsam
Die Natur veranstaltet eine Duft-Poesie
Menschen-Parfüm übertrifft das nie.

* Cestrum nocturnum (bot.)

Die wahre Herrscherin

Vogelgezwitscher im Nebel-Dunst
Jeder Morgen hat seinen eigenen Reiz
Überfluss und Schicksals-Gunst
Die Natur kennt keinen Geiz

Sie ist eine Verschwenderin
Eine Gestalterin
Eine Gebieterin
Manchmal eine Rachegöttin
eine der drei Erinnyen

Und wenn sie mit Hilfe eines kleinen Virus uns Menschen
zum Nachdenken zwingt
Ist sie unbedingt
Die wahre Herrscherin.

Wunder-Malerin

In der Schreibecke sitzend in den Regen zu schauen
Wie beruhigend
Voller Wohlbefinden und Vertrauen
Ein Regenbogen hängt

malerisch über dem Tal
wieder einmal
zeigt die Natur ihre Sehenswürdigkeiten
in ansonsten melancholischen Zeiten

Ein feiner Nebel sorgt für Patina
Künstlerin Natur ist eine Könnerin
Eine Wunder-Malerin

Das staunende Publikum
im Freilicht-Museum
ist verzaubert und starrt
Wer kann schon einen Lichtbogen schaffen der weder
    Anfang noch Ende hat.

Experten-Arbeit

Um den *galan de noche* breitet sich eine Duftwolke aus
Sie umhüllt die *casita*
Er ist ein Augen-, ein Sinnes-Schmaus
Magisch ist sein Aroma

Jeder Parfum-Kenner wird blass vor Neid
Aber gesteht sich ein: Experten-Arbeit.

Vegetarierin

Als Flexitarierin aß ich wieder einmal Huhn
Angeblich haben die Ibiza-Hühner ein kurzes schönes
    Leben in freier Natur

Warum Fische nicht leiden wenn sie gefangen werden
    und langsam, grausam sterben, nun
das ist eines der Alibis das nur

wir Menschen erfinden
um weniger Schuld zu empfinden

Die Natur ist unsere Ernährerin
Wir sind und bleiben ihre Schuldner(innen)
Auch als Vegetarierin.

Hier

Das eingefangene Sonnenlicht im Wasserglas
hängt wie ein kleiner Stern im *Sabina*-Baum
Man registriert es kaum
Doch sobald die Dunkelheit beginnt, erhellt sich das Glas,
    verliert Form und Maß
Strahlt
Lässt Zweige erkennen
wie handgemalt
scheinen winzige Kerzenlichter zu brennen

Die Natur schenkt uns alles, wir wollen nur immer mehr
als bisher
Ach wär
unsere Neugier doch eher neu als Gier
Wir könnten leben wie im Paradies – jetzt und hier.

In Wahrheit

Auf der Terrasse glitzern *uñas de gato** in pinkfarbener
     Blütenpracht
über Nacht

Nach einem warmen Regenschauer
leuchtet die Terrassen-Mauer

ins Tal
wieder einmal

beweist die Natur:
Ich bin nicht nur

Herrscherin über Leben und Tod
In Wahrheit bin ich euer Gott.

* Katzenkralle (bot.)

Dafür

Regen in Hülle und Fülle
Wie Pflanzen und Bäume sich räkeln und schimmern
in der herbstlichen Regenstille
schwirren und flimmern
noch Sommersonnendüfte im Sinn
von Salbei und Rosmarin
Zauberin Natur ist eine Verschwenderin
Nicht alle bedanken sich bei ihr
dafür.

Wunderwerk

Aus der vor dreißig Jahren gepflanzten Yuccapalme sind
    Dutzende von Palmen entstanden
Ihre weißen Blüten leuchten im Herbstlicht
Ob die alten Olivenbäume in ihrer Jugend schon Yucca-
    palmen-Kinder kannten?
Eher nicht

*Palmeras reales** wurden von ihnen gesehen
Seit einiger Zeit ermordet der Palmrüssler sie
Neue Pflanzenwesen werden entstehen
Der Erfindungsreichtum der Natur endet nie

Ihre Einfälle, die wir Evolution nennen
sind Wunderwerke, selbst aus dem Weltall zu sehen
    und zu erkennen.

* Span. Dattelpalme

Getrennt zusammen leben

In ordentlichen Räumen

Nach einem langen schönen Telefonschwatz mit meiner
    Freundin Tamara
ist die heutige Lustlosigkeit erträglicher
Die Art, wie sie ihren Arbeitsplatz schildert im wasser-
    leeren Swimmingpool
macht mich fröhlicher

Der Gegenpol ist meine mit Büchern vollgestopfte *casita*
Bilder und Reime entstehen nicht in ordentlichen Räumen
trösten wir uns kichernd und erzählen uns skurrile
    Geschehnisse aus unseren Träumen.

Beneidenswert

Kerzengerade ist er gewachsen, der *Sabina*-Baum
Vor der *casita* – eine Schönheit
Schon beim Aufwachen sehe ich weit und breit
nur ihn und seinen grünen Lebensraum

Dankbar blicke ich auf deine Entscheidung, Jordi, zurück
Mir hätte der Mut gefehlt
zu diesem Inselleben – es war auf den ersten Blick
ein wagemutiger Schritt
Denn natürlich fehlte genügend Geld

Heute bin ich mutiger
Meine Freundin ist verwegener
Eine Überlebens-Künstlerin
mit nichts als Malen im Sinn

In einem Monat bist du wieder auf der Insel
Und wir genießen die Zeit zu zweit mit Stift und Pinsel
Der neue Malraum wird dir gefallen
Ein idealer dreidimensionaler Rahmen für deine großen
Bilder und am nächsten Tag kannst du einfach weiter
    malen

Wir sind beneidenswert
Das sage ich dir ganz ganz leise, damit es keiner hört
Denn ich reime nicht nur schwärmerisch
Ich bin auch heute, am dreizehnten, abergläubisch.

Widersprüche

Mit Hermann Hesse verbindet mich Eigensinn und der
    Wunsch, getrennt zusammen zu leben
Meine Freundin, die mitleben will, ist ebenfalls wie Ninon
    Ausländer, dem Schicksal ergeben
Das Leben in einem Holzhaus im Pinienwald – allein
schließt tausend Widersprüche ein
Und will doch den Wunsch nicht aufgeben:
Getrennt zusammen zu leben.

Farb- und Wortspielereien

gehören zu den schönsten Spielen
die man allein spielen kann
Aus den unendlich vielen
Variationen
entstehen dann
authentische Kompositionen
unabhängig von Anerkennung und Lohn
Laut Vorhersage erscheint Tamaras Spielruhm
posthum
Die Spielerin lacht
Sie weiß, dass das Spiel, nicht der Ruhm glücklich
macht.

Verlieren

Malen, träumen und reimen
haben vieles gemeinsam
Man spürt sie weniger im allgemeinen
Aber langsam

wird klar
es ist absichtslos
wahr
und spielt bloß

eine Rolle für Mal-, Traum-, und Reim-Liebhaber
Aber
auch die
begreifen nie

woher sie kommt – diese rätselhafte Magie
Wir nennen sie Phantasie, lassen sie ein Eigenleben führen
und bitten die Höhere Macht, sie bis an das Ende unseres
    Lebens nicht zu verlieren.

Verzichten

Im neuen Malraum ist noch Platz für ein Bücherregal
Die größte Fläche muss frei bleiben für ein Bild von
    Tamara
Wieder einmal sitze ich im Eingang, staune ins Tal und
    mir wird klar

Hier beschert das Schicksal mir Glücksmomente
Auf alle Religionen, die das Glück erst im Jenseits
    verheißen
kann ich getrost verzichten.

In Frieden

Wenn wir wieder einmal unter Pinien spielen
Meine Freundin mit Farben, ich mit Worten
Bleiben all die vielen
Sorgen an jenen Orten
die wir verlassen haben
um mitten in der Natur
einen Alltag zu wagen
den man Selbsttäuschung nennen könnte – nur
von Zeit zu Zeit kehren wir in die laute Wirklichkeit zurück
mit der Erfahrung: Unsere Farben- und Wort-Spiele –
    das ist Glück

Wenn andere Glückssucher sich dann ebenfalls in Spiele
    verlieben
träumen wir von eine Welt ohne Kriege und einem
    Zusammenleben in Frieden.

Schicksals-Gunst

Worte und Bilder können wie Blumen sein
Versöhnen uns mit der Wirklichkeit
Sind ein Stelldichein
Vermitteln Duft-Gefühle und Schönheit

Lassen uns spüren:
Realität ist nur die Hälfte der Wahrnehmung
Phantasie hat die Macht, Lebensmut nicht zu verlieren
Zu zweit formt sie zwei Hälften in Wirklichkeit um

Mit Lebenskraft
die es schafft
sich selbst zu vertrauen
und mit Gelassenheit in die Zukunft zu schauen

Gottvertrauen nennt man diese Kunst
gepaart mit Schicksals-Gunst.

Wohlgefühl

An manchen Tagen
ist der Gedanke: Nichts und niemand
hält dich davon ab, einen Alleingang zu wagen
nichts anderes als ein Vorwand

dem Tag mutig entgegen zu sehen
Angstgespenster zu verscheuchen
und all die kleinen Wunderwerke zu sehen
Unter anderem wie die silbrig-glänzenden Spinnen-
     netze leuchten

Und wenn dann meine Freundin am Telefon lacht
und sagt: Heute hat mir ein Kunstkenner ein großes
     Kompliment gemacht
Dann handelt es sich um einen Wohlfühltag
Komme was mag.

Schade

Eine mutige Freundin zu haben
ist von all den Schicksalsgaben

eine, die dankbar macht:
vor allem dann, wenn nicht nur in der Nacht

die Angstgespenster
ihren Freudentanz aufführen vor dem *casita*-Fenster

Und dir zuflüstern in ihrer Gespenster-List:
Schade, dass du feige bist.

In Raum und Zeit

Paradies-Zustand

Jede Sucht hat ihre Tücken – auch die Schreib-Sucht
Sie sucht nicht nur nach Lösungen und Überblick
Ist eine Flucht
in die Illusion plus Blick zurück

Wenn dann der Reim auf seinem Mitspracherecht besteht
heißt das nur
Der Wind verweht
jede Spur
wie die im Sand
Und lässt neue entstehen
Ein Spiel von Werden und Vergehen
Die Suche nach dem verlorenen Paradies-Zustand.

Ankunft

Ein leerer weißer Raum ohne Tür
lädt zum Einzug ein
Er wird einmal voller farbenprächtiger Bilder sein
Dafür
brauche ich keine Prophezeiung
Die Bilder sind schon unterwegs in das Vakuum
Sie meiden den Weg der Vernunft
Das erschwert ihre Ankunft.

In die Zukunft

Der neue Raum gefällt mir
Ich nenne ihn Malraum im Vorbeigehen
Er beherbergt alle Seiden und Farben und ist für
zukünftige Bilder gedacht, die dort entstehen
Einladend ist seine nicht vorhandene Tür

Ich genieße die Aussicht und sage mir:
Hier werden Sehenswürdigkeiten entstehen
die auch spätere Betrachter mit Freude ansehen

Manchmal muss man einen neuen Raum bauen
um zuversichtlicher in die Zukunft zu schauen.

In Raum und Zeit

Mit Wohlgefallen schaue ich auf den neuen Malraum
Blütenweiß mit Blick über das Tal
Vielleicht ist es nur ein Traum
Und wenn ich aufwache sehe ich nur Naturstein-Mauern
    und all
die Yucca-Palmen – zwar in weißer Blütenpracht
aber ohne Schutz vor der Sturm- und Regen-Macht

Das erste Bild ist entstanden im neuen Raum
unter dem schönsten Pinien-Baum
Sie scheinen zusammen zu gehören
Ich könnte schwören
Baum, Raum und Traum bilden eine Einheit
in Raum und Zeit.

Ein Duft von Glück

weht von dem blühenden Mandelbaum
eine Terrasse tiefer
in den neuen, weißen Malraum
und lässt sich auf der aufgespannten Leinwand nieder

Will eingefangen werden – nimmt Farben und Formen an
wird sichtbar – verweilt
versteckt sich dann
in dem Sonnenstrahl, der durch den Ritz neben dem
    Fenster fällt, bevor er enteilt.

Experimentieren

Hin und wieder mit Farben zu spielen
ist von all den vielen
Einzel-Spielen eines das Stimmungen sichtbar macht
Erst wird gemalt, dann gedacht
Auf keinen Fall umgekehrt
wie jeder Traum lehrt

Der neue Malraum verführt zum träumen und experimen-
    tieren
Der Ausblick in die Natur-Farbenpracht erspart analysieren
    und lamentieren.

Überblick

Schon klettert die Begonia auf das neue Dach
Der ideale Sonnenplatz
Wer klettert nach
Die Katz

Die schönsten Sonnenplätze sind immer die hohen
Nicht nur wir Menschen lieben einen guten Überblick
Oben wird man uns weniger bedrohen
Meinen wir Lebewesen und streben dem Himmel
    entgegen, dem vermeintlich ewigen Glück.

Himmelszelt

Gefangen im Zauberkreis
Wenn ich ihn verlasse
begebe ich mich in eine Hexenkreis-Gasse und weiß:
Lieber bleibe ich auf dem runden Dreschplatz der Terrasse
und schaue in meine kleine begrenzte Welt
Nicht jedem beschert das Schicksal einen Zauberkreis
   unter dem weiten Himmelszelt.

Sich lohnen

Von Zeit zu Zeit
bin ich einverstanden mit mir
In der Zeit zu zweit
war das eher die Gier

Gut zu funktionieren
im Familien-System
auszuprobieren
war unbequem

Der Partner hatte das Sagen
als Familienoberhaupt, Ernährer
wie sollte ich zu sagen wagen:
Ach wäre er doch der alte Verehrer

mit ganz vielen Illusionen
und dem Ehrgeiz: Anpassung würde sich lohnen.

Geschenke der Natur

Dass ein Dreschplatz, der ungeliebteste Ort meiner
   Kindheit
einmal zu einem Lieblingsplatz auf einer Insel würde
wusste das Schicksal schon damals in seiner Einmaligkeit
Ein runder Sonnenplatz statt Staub und Bürde
Jetzt teile ich ihn mit den Tieren
die täglich zum Hinschauen und Dank verführen

Er fängt das Regenwasser auf und leitet es in die Zisterne
Ist ein Sinnbild für Geschenke der Natur
für Wärme
und gleichzeitig ein Vergangenheits-Relikt.

Friede und Ruh

Auf der Treppe neben der Zisterne sitzt du
Du schaust über das Tal hinaus – weit
Und ich sehe: In dir herrscht Friede und Ruh
Neben dir sitzt Buri in seiner ganzen Rottweiler-
    Gelassenheit

Das war immer dein Traum
Du hattest ihn dir erfüllt
Jetzt schaust du aus dem Jenseits und ich auf das Traumbild

Noch eine kleine Weile
Neben mir sitzt Rojo – nach dem Aufwachen haben wir
    keine Langeweile.

Die spinnt

Plötzlich beim Lesen einer interessanten Lektüre
halte ich inne, ein Satz fesselt mich und ich spüre
Den möchte ich weiter erzählen lassen
Er ist wie eine Spinne die ihr Netz baut
Überlebens-Nahrung raubt
Mit Netzbaukunst muss sich jede Spinne befassen

Von ihr hängt das Weiterleben ab
Und wenn das Netz noch anderen gefällt
erleichtert es das Überleben von der Wiege bis zum Grab

Auch wenn es nur Netzbewunderer sind
die meinen: Die spinnt.

Wie Scheherazade

Ziellos unterwegs zu sein heißt gleichzeitig verweilen
Wenn der Weg das Ziel ist, will man sich nicht beeilen

Immer wieder Umwege zu machen ist verlockend
So ein Umweg kennt

geheimnisvolle Pfade
die lebensverlängernde Geschichten erzählen – wie
    Scheherazade

Und auch nach 1001 Nacht ist sie nicht zu Ende
Die Lebens-Legende

Da erzählen für den, der Geschichten liebt
den Tod besiegt

Der Name des Königs Schahryar ist nahezu vergessen,
    doch Scheherazade
wird leben bis ans Ende aller Tage.

Auf unserem Planeten

Das eigene Tun infrage zu stellen
hat den Vorteil, Alternativen nicht nur zu suchen
sondern sie auch manchmal zu finden
Unsichtbare Wellen
verbinden
mit der Kraft
der verborgenen Macht
die alles erschuf

Ein Ruf
ohne Widerhall in der Ewigkeit
Auch die, die nicht an Außerirdisches glauben, wissen
    Bescheid
Wenn wir unseren Planeten zerstören, gibt es uns im Meer
der Unendlichkeit nicht mehr

Nur Friede sichert das Überleben
auf unserem Planeten.

Zahlenverhältnis

Naturkatastrophen gab es schon immer, sagt man
Die Brände in Australien seien nicht die Folge des vom
    Menschen verursachten Klimawechsels, verbreiten
    die Nachrichten
Und dann
die Zahlen in den Berichten:
Eine Milliarde Tiere starben unter Höllenqualen
Menschen: Neunundzwanzig

Der Klimawandel wird es verwandeln – das Zahlen-
    verhältnis
Er wird an die Neunundzwanzig sechs Nullen hängen
Wenn wir weiterhin meinen, nichts verändern zu können.

Verweilen

Wenn Haare und Nägel auch nach dem Tod nachwachsen
wäre es doch naheliegend
dass auch das Gedächtnis weiterhin funktioniert solange
    seine Nahrungsquellen im Gehirn nicht versiegen
Sind Gedächtnis und Seele noch so lange auf Erden

Wie Körper und Geist von ihrer Substanz ernährt werden
Und lieben wir deswegen die Religionen
Weil in ihren Geschichten und Traditionen
unglaubliche Wahrheiten wohnen

Dass die Seele noch eine Zeit lang auf der Erde verweilt
hat jeder erfahren, der nach dem Tod eines geliebten
    Menschen zurückbleibt.

Vorübergehend

Und dann erklärten die Atheisten: Gott ist tot
In größter Not
Erkoren sie die Wissenschaft
zu ihren neuen Glaubens-Lehren
Die bescherte ihnen vorübergehend Macht
sich gegen ihre Unwissenheit zu wehren

Ob Glaubens- oder Wissenschafts-Gebot
Es verhindert nicht die Angst vor dem Tod.

Die innere Balance

Die wunderbare Erfahrung, die innere Stimme wahrzu-
    nehmen macht ein jeder
Ihren Rat zu befolgen, beinhaltet Selbstvertrauen und
    Eigensinn
Entweder
ist beides vorhanden und akzeptiert: Ich bin wie ich bin
Dann hat die Stimme eine Chance
Oder sie geht verloren – die innere Balance.

Wenn und Aber

Wenn und Aber

Wenn wieder einmal ein Reim mit WENN anfängt
lasse ich ihm seinen Willen
Der eigene führt in Sackgassen
WENN führt auf Phantasie-Straßen

Heraus aus der Wirklichkeit zu all den vielen
Wenn und Aber
Die nach unvorhersehbaren Zielen schielen
Am liebsten makaber

statt bieder
Doch auf jeden Fall lieber
einen Blick in die Aber-Welt schicken
als mit Inbrunst Sorgen-Gegenwart erblicken

Und siehe da, Wenn-Gefährten warten schon
auf der Wenn- und Aber-Expedition.

Bereitwilligkeit

Wenn schon am frühen Morsen Unsinn den Trübsinn
    besiegt
Der Sinn schon nach dem Stift greifen will
während die Hand noch verschlafen unter dem Kopfkissen
    liegt
Dann bleib ganz still
Aber mach dich darauf gefasst:
Dieser Tag hat es in sich – er fällt dir nicht zur Last
Wenn du dabei bleibst: Unsinn besiegt Trübsinn, aber
    lass ihm Zeit
Er ist angewiesen auf Bereitwilligkeit.

Aber

Wenn der Aber-Glaube aber
ein Wenn-Glaube wär
ja dann
wär er
Flexibler

Und Freitag, der dreizehnte
wäre beliebter
als er im allgemeinen ist

Selbst ein Pessimist
würde ihn zum Freudentag erklären
Wenn die vielen aber nicht wären.

Possibilist

Aber dann hat das Aber dem Wenn erklärt:
Ja, ich bin eine Pessimistin
und habe mich stets gegen Illusionen gewehrt
Wenn wir in einem Atemzug genannt werden heißt
    das aber nur:
Wenn das Glas halb voll ist
ist es aber immer auch halb leer

So entsteht ein Possibilist
der von all den Dada-isten der Langweiligste ist.

Erfahren

Wenn der Erfolg eines Menschen sich aus Fehlschlägen
    zusammensetzt
bin ich erfolgreich
Jetzt
In diesem Augenblick fühle ich mich reich
An Neugier
An Erfahrung
An Erinnerung
An Lebens-Gier plus Stift und Papier
mit Menschen um mich herum
die ebenfalls wissbegierig sind und waren
Sie besuchen mich, bestaunen die *casita* und das Drum-
    herum
Bleibst du mir noch eine Weile wohl gesonnen, liebes
    Schicksal – ich werde es erfahren.

Es kann

Aber dann
hat das Aber irgendwann
bewiesen: Es kann
auch wie das Wenn Wünsche erfüllen – aber im geheimen
Zunächst aber sagt es das keinem

Wenn es beiden gelungen ist
sich an Zukunfts-Phantasien zu erfreuen, sagen sie:
Wenn aber dann doch Wunder geschehen
war es nicht vorauszusehen.

Selbstzweifel

Nicht schon wieder ein Wenn- und Aber-Gedicht
Wenn as aber zum Morgenvergnügen gehört
dann stört
das Aber nicht

Wenn sich dann zusätzlich noch ein Alltagsbehagen
    einstellt
Und ich denke: „Und sie denken doch" sei gelungen
Der neue Malraum seinen letzten Anstrich erhält
Fühle ich mich aber zu Selbstzweifeln gezwungen

Die sind immer auch makaber
Wie alle Wenn und Aber.

Schatztruhe Erinnerung

Vielleicht ist es der Duft

Wieder einmal meint die Erinnerung:
Heute
mach ich dir eine Freude
Wie ein Traum führt sie mich oft an der Nase herum

Warum sie mir gerade dieses Mosaik ins Gedächtnis
    ruft ist ihr Geheimnis
Vielleicht ist es der Duft
Der Biss
in die zuckersüße Apfelsine – die erste meiner Kindheit

In das Land, in dem sie wachsen, möchte ich einmal
Mama meinte mürrisch: „Dow host neist wie Flause im
    Kopp ma meint, dow wärst net ganz gescheit"
Die Schwalben sind doch auch im Winter dort
und haben nur im Sommer ihr Nest in unserem Stall
dachte ich
Sagte es aber nicht.

Zu verlieren

Seltsame Zufälle kreiert das Schicksal
Als meine geliebte Patentante aus ihrem Elternhaus auszog
    und alle Literaturschätze mit sich nahm
blieb Kleist im alten Eichenschrank versteckt
Er fiel mir als Kind in die Hände und hat mich nicht
    erschreckt

Weil es die einzige Lektüre neben Heiligengeschichten
    in unserem Haus war
las ich ihn immer wieder und nahm wahr
Es muss noch ein anderes Leben geben
neben
dem in einem Bauernhaus mit vielen Menschen und Tieren
und dem Glauben an den lieben Gott und das jenseitige
    Leben

Es war Kleist, der in mir den Wunsch weckte heraus
    zu finden
Wohin führen die Wege zu gewinnen oder zu verlieren?

Er ist mein Lieblingsautor geblieben
Selbstzweifel verführen zum Schreiben aber verhindern
    die Kunst, das Leben zu lieben.

Glücksfall

Es war einmal ein Bauernkind, das träumte von einem
    Land
in dem immer die Sonne scheint
Nur den Schwalben im Stall war es bekannt
Warum verlasst ihr es in jedem Jahr, um euer Nest in
    einem Hunsrück-Stall aufzusuchen, wollte es wissen
Sie verrieten es nicht und überließen
es dem Bauernkind, es selbst herauszufinden
Neugier macht erfinderisch und will nicht in Trübsal
    versinken

Das dauerte circa zwanzig Jahr
Danach war nichts mehr wie es einmal war
Das Nest – jetzt über dem Stall – ist geblieben
Die Schwalben nisten in Nachbars Stall
und lieben beides – den Hunsrück und den Süden
für Schwalben und Bauernkind ein Glücksfall.

Unersetzbar

Hin und wieder greife ich wahllos in das ungeordnete
    Bücherregal
in Ermangelung neuer neugierig machender Autoren
Die sind unterwegs aus meiner geliebten alten Buch-
    handlung, und die letzte Sendung ging verloren
Der Postweg dauert länger, aber das ist mir egal

In der Wartezeit mich mit längst vergessenen Geschichten
    zu befassen
ist ein Vergnügen der besonderen Art
Ist wie ein Gang durch bekannte Straßen und Gassen
Immer noch die gleichen und doch nehme ich sie anders
    wahr – Vergangenheit wird zur Gegenwart

Der Zufall ließ mir meinen Liebling Kleist in die Hände
    fallen
Jeder Zufall fällt in bereitgestellte Fallen
Und weil Kleist mir in meinem ansonsten bücherlosen
    Elternhaus als erster zugefallen war
ist und bleibt er immerdar unersetzbar.

Lebenslang

Wenn die erste Liebe uns ein Leben lang begleitet
ist das Schicksalsgunst
wie Kunst
leitet
und kreuzt sie immer wieder unsere Lebenspfade
Stellt Lebensbewältigung des anderen nicht infrage

Wie schon in der Kindheit
ist sie ein Begleiter
Teilweise ein Wegbereiter
Ein Mutmacher auf dem Weg in die Freiheit

Zu keinem Zeitpunkt wurde die Zusammengehörigkeit
    infrage gestellt
Eine Gen- und Seelenverwandtschaft
Fasziniert von der großen Welt
jenseits der Dorfidylle in der Kinderwunderlandschaft

Unsere Kindheitsvorlieben – du als Messdiener, ich als
    Vorbeterin
verloren wir später aus dem Sinn
Nicht aber den Glauben an eine Höhere Macht

und die Überzeugung, dass lebenslange Verbundenheit
    glücklich macht

Heute bist du mir in eine jenseitige Welt vorausgegangen
Deine Abschiedsgedanken habe ich auf unserem
    zuverlässigen Geheimweg empfangen.

Ausprobierenswert

Einst war das Bauernkind eins mit der Natur
Auch wenn die Tiere nicht sprachen
waren sie nicht nur
Zuhörer, und in hundertfachen
Gelegenheiten bedeutete ihr Da-Sein
Zuflucht, Wärme, Geborgenheit
Keiner ist allein
dem ein Tier seine Zuneigung schenkt und umgekehrt

Wer es noch nicht erfahren hat – es ist ausprobierenswert.

Mein altes Haus

Seitdem ich nicht mehr für dich verantwortlich bin
bin ich erst einmal zu dir zurückgekommen
Dein neuer Liebhaber hat einiges mit dir im Sinn
Vor allem dich zu verschönern hat er sich vorgenommen

Ich liebte dich immer so wie du warst und bist
Für mich waren selbst deine Unvollkommenheiten
    liebenswert
Ein Leben lang kam ich zu dir zurück, ich habe dich
    auch dann vermisst
als ich in einem Jugendstil-Prachthaus lebte – du bliebst
    immer begehrenswert

Dein jetziger Liebhaber ist ein angesehener Architekt
Er erkennt deine Besonderheit, hat vor dir Respekt
Beschütze ihn, wie du meine Ahnen, meine Familie und
    mich beschützt hast
Und schenke allen Menschen, die mit dir leben werden
Geborgenheit, Ruhe und Rast
Ich kann zu dir zurück kommen solange ich lebe auf Erden

Du bist einmal ein Klosterhof gewesen
Das darfst du niemals vergessen.

Corona

Wie Lebens-Kunst

Eines Tages werde ich mir sagen
Die Natur war meine Lebenspartnerin
In all den entscheidenden Lebensfragen
war sie meine Beraterin

Auch in Corona-Zeiten ist die Insel mein Daheim
Auf Waldwegen und am Meer genieße ich die Natur
Kein Gefühl von Einsamkeit
Nur

Tägliche Dankbarkeit
nach der Zeit zu zweit

Schreiben oder malen ist nur ein Wegweiser – eine Gunst
Und manchmal so etwas wie Lebens-Kunst.

Kein Gerücht

Verdruss – Frust – Virus
Seit drei Monaten plagen wir uns mit dieser Dreieinigkeit
Überdruss
Pur – ein Virus ohne Barmherzigkeit

Folglich erklären wir ihm den Krieg
Es trachtet uns nach dem Leben
Unterwerfung oder Sieg
Wir, die Krone der Schöpfung, sind doch einem kleinen
   Virus überlegen

Es geht um Leben oder Tod – und das ist kein Gerücht
Wie das jüngste Gericht.

Keinesfalls wahr

Wer mit seinen Maßnahmen in der Corona-Virus-Epidemie
	richtig liegt weiß niemand
Jedes Land
trifft seine eigenen Entscheidungen
Hält sie für gelungen
und gibt die Zahl seiner Infizierten zögernd preis
Ein jeder weiß
Sie sind mehr oder weniger wie die in China
keinesfalls wahr.

In Corona-Zeiten

Ein Wolkentag im Mai
Einer der zu Wohlbehagen verleitet
Zuzuschauen wie ganz nebenbei
eine Rose sich öffnet, ihren Duft verbreitet

Die Stechmücken halten wir fern mit Zitronenduft
Den können sie offensichtlich nicht leiden
Ein Hauch von Gewitter hängt in der Luft
Eine eindrucksvolle Stille im Mai in Corona-Zeiten

Wenn Freunde liebevoll nach meinem Befinden fragen
wage ich gar nicht zu sagen:
Die Krise scheint die Menschen aufmerksam zu machen
Hinter den Masken ist das Lächeln unsichtbar
aber mit den Augen vermittelbar.

Hier im Pinienwald

Die Natur macht froh
Auf dem Dreschplatz bei Sonnenschein
beobachte ich meinen Mini-Zoo
Ich bin nie allein

Wenn Eidechsen wieder aus ihren Ritzen flitzen ist es
      so weit:
Frühlingszeit
Die Ameisen erinnern sich: *casita*-Verbot
Ist es der ungeliebte Duft von Zimt
der in Zeiten der Not
bestimmt
ob man als Ameise seinen Weg lieber nicht durch die
      Außenküche nimmt

Alle sind emsig und wollen in ihrem bekannten Lebens-
      bereich bleiben
Die Katzen und ich aalen uns faul und genießen das
      bunte Treiben
Was für ein Genuss
Hier im Pinienwald findet es uns vielleicht nicht – das
Coronavirus.

Respekt

Ein Tag am Meer – eine Fern-Schau
Unter der Krüppelkiefer
mit Blick auf das unendliche Blau
Seelenruhe – je länger, je lieber

Corona sorgt für einsame Strände
Das Virus beschert der Insel ihre alte Magie, ihre Zauber-
    wellen
Die Natur hat keine Einwände
Doch wie werden die Menschen überleben ohne
    Einnahmequellen?

Und wird das Virus uns lehren
zu einem Respekt vor der Natur zurückzukehren?

Abstrus

Was den Menschen auf der ganzen Welt nicht gelingt:
Eine Klimaverbesserung herbeizuführen
schafft ein kleines Virus kurzfristig und unbedingt
Menschen sitzen in Quarantäne zuhause und lamentieren

Masken zu tragen ist Bürgerpflicht
Zusammensein findet nur zu Hause statt
In dunstverhangene Großstädte fällt jetzt Sonne und Licht
Das Wasser wird wieder klarer, selbst in einer Lagunenstadt

So macht man das
Meint selbstzufrieden das kleine Virus
Klimaverbesserung macht Spaß
Eure Gegenmaßnahmen sind teilweise reichlich abstrus
Dass ein einzelner Kontaktbeschränkter weder in der Natur
    noch am Meer spazieren soll, ist nicht meine Absicht
Es grüßt euch Maskierte alle – euer Corona-Virus.

Scheiden

Und täglich lässt das Corona-Virus grüßen
Nichts wird wieder so wie es einmal war
Nicht nur Schulen, Hörsäle und all die vertrauten
    Begegnungsstätten schließen
Niemals zuvor war das vorstellbar

Lernwillige meinen, die Menschen hätten verstanden
Das kleine Virus hätte bewiesen:
In kürzester Zeit ist wieder sauberes Wasser und frische
    Luft vorhanden
Und alle Lebewesen konnten die Natur genießen

Masken zu tragen ist jetzt Bürgerpflicht
Die früheren, unsichtbaren lassen sich geschickt dahinter
    verstecken
Auch die ganz Schlauen wissen noch nicht
Wann und ob überhaupt wird man ein Virusbekämpfungs-
    mittel entdecken

Nach den Zeiten von Corona würden die Geburtsraten
    steigen
heißt es, wahrscheinlich ist: Wenn die sichtbaren Masken
    fallen lässt man sich scheiden.

Ehrlich sein

Darf man über das Corona-Virus Witze machen?
Man darf
Doch in Zeiten einer Pandemie kann nicht jeder Hamsterer
    über Witze lachen
Ist eher ängstlich-brav

Mehl und Toilettenpapier ist das was ein Deutscher
    offensichtlich braucht
Das Schild im Schaufenster einer Tierhandlung findet er
    gar nicht komisch:

„Hamster ausverkauft"

In Holland hamstert man Haschisch und Käse
In Frankreich Kondome und Wein

So ein Virus zwingt jede Nationalität dazu ehrlich zu sein.

Stärker

Kontaktbeschränkt zu sein
in Corona-Virus-Zeiten
kann zu neuen Experimenten und Philosophien leiten
Alt-Hippies und ihre Nachfahren auf der Insel tragen
    wieder Büstenhalterlein

Eine Hälfte, dieses Mal, und zwar im Gesicht
Masken-Defizit weckt Erfindungsgeist
Sich selbst und andere zu schützen ist Bürgerpflicht
Das Corona-Virus ist ansteckend und dreist

Rassismus ist ihm nicht vorzuwerfen
Auch wenn es Risiko-Gruppen liebt
Zuhause zu bleiben geht inzwischen allen auf die Nerven
was wieder einmal beweist, dass es keine Behandlungs-
    form ohne Nebenwirkungen gibt

Ich bin nur ein unsichtbares Virus, das euch zum
    Nachdenken zwingt
Euch Tod und Verderben bringt
Solange bis ihr erkennt, dass die Natur und ihre Lebewesen
    nicht existieren

um euch Menschen durch eure Grausamkeit ein sattes
    Leben zu garantieren

Vogelgrippe, Schweinepest, Rinderwahn etc. waren
    Auswirkungen eurer Gier
Wir – die Natur – sind stärker als ihr.

Mehr Freiraum

Mit einer Maske am Strand zu gehen ist ziemlich grotesk
Manche Urlauber ignorieren zwar Reisewarnungen, halten
    aber an Vorschriften wie Distanz und Maske fest
In der Strandbar nach jedem Schluck wieder einen Mund-
    schutz zu tragen dürfte reichlich abstrus sein
Das Virus zwingt uns, nicht nur auseinander zu rücken
Es führt auch seltsame Verhaltensregeln ein

Eine Waffe der Natur
Nur
wirksam solange sie Schrecken verbreitet
und die Geister scheidet
Mehr Freiraum für Tiere und Umwelt
Eine unsichtbare Macht zwingt dazu, auch wenn es uns
    nicht gefällt.

Friede auf Erden

„Jede Imagination ist eine sichtbare Realität"*
Oder umgekehrt
Es ist nie zu spät
Es ist nie zu spät für Infragestellungen – nur wer sich wehrt
bleibt neugierig
Ist nicht nur auf der Hut
Bleibt risikofreudig
Zurückhaltung tut nur dann gut
Wenn sie in Zeiten der Not absolut erforderlich ist

Wird es einmal heißen: Vor- und nach Corona-Zeiten?
Ist ein Virus eine Kriegs-List
der Natur, die beweist: In Kriegen müssen beide Seiten
    leiden
Und beginnt danach der ersehnte Friede auf Erden
„Aus Jeder Imagination kann Realität werden".

* Prentice Mulfort

Pentecostés 2020

So ein Pfingsten bleibt im Gedächtnis
Die Menschen sind dankbar
Sitzen wieder in der Bar
bis

die Sonne untergeht
Ist sie wirklich vorbei – die Corona-Zeit?
Haben wir sie überlebt?
Und sind wir befreit

für die Einsicht:
Nichts wird wieder so wie es einmal war
Die Natur schenkt uns nur eine Frist
*Pentecostés** 2020 am Meer – ist es das Ende von Corona?

---

* Span. Pfingsten

Nach-Corona-Zeit

Lockerungen nennt man das wieder Beieinander-Sein
Draußen – in den Strandbars am Meer
Menschen sind wieder weniger allein
Auch Maskentragende sind seltener

Wieder Freunden gegenüber sitzen
Geschichten erzählen
Im Sand in der Sonne schwitzen
Zwischen all den möglichen Treffpunkten auswählen

Was für eine Alltagsfreude
Früher eine Selbstverständlichkeit
Heute
ist es eine Besonderheit
in der vorläufigen Nach-Corona-Zeit.

Ein Genuss

Ein jeder kennt Trägheit an heißen Tagen
Eine Maske zu tragen
wird fast unerträglich – erzeugt Müdigkeit
Führt nicht nur zu Selbstmitleid

Schränkt die Lebenslust ein
Alleinsein
ist nur dann ein Genuss
wenn man es nicht sein muss.

Alleinsein

Nicht nur das Coronavirus macht kontaktbeschränkt
Es hat eine Gemeinsamkeit mit einem Buch
Zwingt zum Nachdenken und beschenkt
Denjenigen, der das Alleinsein sucht

Millionen unsichtbare, kleine Viren
und ebenso viele sichtbare gedruckte Gedanken
beschäftigen, verändern und verführen
Menschen zu neuen Ideen in allen Landen

Beweisen vor allem eins:
Lesen ist eine der großen Freuden des Alleinseins.

Ansteckung

Wer sich eine Insel als Lebensplatz wählt
entscheidet sich bewusst für eine kleine Welt

Die Sehnsucht nach Weitblick
stillt er am Meer und durch Blick zurück

Das sorgt für Genuss
und vermeidet Ansteckung durch das Corona-Virus.

Rundreisen

Wenn es aber doch so wär
als hätte das Wenn mehr
Zuversicht als das Aber – dann wären Wunscherfüllungen
vorstellbar
Auch für nicht-an-Wunder-Glaubende wunderbar
statt sorgenschwer

In Zeiten des Corona-Virus wird klar:
Die Allein-Herrscherin ist die Natur
Zeitweise lässt sie uns die Illusion, die Krone der Schöpfung
zu sein – doch dann
zeigt uns ein gewaltiger Vulkan oder ein unsichtbares Virus
– wir sind nur
Ein winziger Bestandteil im Schöpfungsplan
Und dürfen auf einem fantastisch-schönen Planeten
um eine Sonne kreisen
Wunder-Glaube hat immer geholfen auf diesen
Rundreisen.

Hochachtungsvoll

Ihr seid erst nach den Dinosauriern auf unseren Planeten
gekommen
Und habt euch wie sie ziemlich übel benommen

Fressen und gefressen werden ist Teil der Natur
Nur

Ihr fresst auch dann wenn ihr schon satt seid
Das schafft überflüssiges Leid

Wir
kennen weder Neid noch Gier

Ihr könnt zwar sprechen und lachen
und einige wenige können sich über sich selbst lustig
machen
und meinen: wir kriegen ihn nicht voll – unseren Rachen

Am liebsten Lust
und Genuss

in alle Ewigkeit
Ich bin kein Prophet und keine Gottheit

Erinnere euch nur
als eines der kleinsten Bestandteile der Natur

an etwas an das ich euch erinnern muss
Eure Sterblichkeit – Hochachtungsvoll euer Corona-Virus.

Klagen und kritisieren

Lästig

Ein jeder kennt seinen Umkreis
Jemand der keine wohlmeinende Ausstrahlung hat
der stets weiß
was seine Mitmenschen unterlassen – ein Kritik-Nimmersatt

Muss, wie er meint, viel leiden
Muss alle Missstände aufzeigen
Eine kompromissbereite Einstellung statt Kritik findet
    er verdächtig
So ein Griesgram ist nicht nur freudlos, er ist lästig.

Leiden

Hohe Sensibilität und Lust am Leiden
bilden eine Einheit, wie Hermann Hesse beweist
Wer Leidverarbeitung nicht in Kunst verwandeln kann,
      ist nicht zu beneiden
und partizipiert an der Leidens-Sucht der Hochsensiblen,
      was soviel heißt:
Sie wollen leben und lieben bei all den Leiden.

Besser machen

Wer anderen Menschen als schwierig erscheint hat es
    am schwersten selbst
Wie auch immer du dich verhältst
Mit sich selbst im Reinen zu sein
schließt die Möglichkeit ein
sein eigenes Wesen mit der Umwelt in Übereinstimmung
    zu bringen

Das könnte gelingen
Vorausgesetzt du hast Helfer in der Not die auch dann
    mit dir lachen
wenn Kritiker meinen, ihre kluge Kritik würde die Welt
    besser machen.

Privilegien

Mit sich und der Natur verbunden zu sein
auf einer Insel unter Pinien in einem Holzhaus
sieht für die Umwelt nach einem Privileg aus
Jedenfalls wird es von den Menschen so gesehen
die sich selbst nicht gerne eingestehen
dass ihr komfortables Leben in der Nähe einer Stadt
die Vorzüge hat
die sie für sich in Anspruch nehmen
mit all den bequemen
Errungenschaften im eigenen Zuhause, das offenbar
    weniger gefällt
als ein Holzhaus ohne Heizung und fließendem Wasser
    aus der Zisterne nur solange genügend Regen fällt
Wer Privilegien vor allem im Leben der anderen sieht,
    dem bleiben die eigenen verborgen und er leidet
    an sich und der Welt.

Zum Dichten verführen

Klagende sind redseliger als die Glücklichen
Glück scheint lautloser zu sein
Und manchmal verführt es zum Dichten
So ein glücklicher Reim

ist für Klagende eher langweilig
Wie, und all das Leid dieser Welt
ist für dich nicht reim-würdig?
Wir entscheiden uns für einen Reim, der uns gefällt
und unser Leben mit im Gleichgewicht hält

Das Leid der toten Dichter hilft nur dann unser eigenes
    zu bewältigen, wenn sie uns inspirieren
Und zum Dichten verführen.

Simplifizieren

Mir fehlt das Jammer-Talent
Fasziniert bin ich daher von den klugen Lamentierern
    und Kritisierern
Sie klagen ohne End
Selten gehören sie zu den Ausprobierern

Sie haben ein schönes Zuhause – eine Pension
Mehr oder weniger gelungene Kinder
Leider weniger Humor und mehr Frustration
und fürchten sich vor dem ach so dunklen Winter

Die anderen genießen ihr Leben im Süden
Das war schon immer auch ihr Traum
Aber dann wäre man doch lieber zuhause geblieben
Beides gleichzeitig geht ja leider kaum

Und so bleibt das Leiden, das Kritisieren
Die anderen, ja die sind privilegiert, können sich in der
    Sonne verlustieren
Neigen zum Simplifizieren
und berichten in ihren Geschichten von Lebensfreuden
Sehen sie denn nicht
dass die Erde ein Jammertal ist
mit viel zu wenig Therapeuten.

Unerwartet

Und dann geschah ein Wunder
Eine der ständig Klagenden
erzählte von blühenden Rosen in ihrem Garten
Von der Farbenpracht am Himmel – geht die Sonne unter
Den warmen Abenden
Und mit welcher Freude die Enkel auf sie warten

Ich staune und bin entzückt
Menschen ändern sich
Werden unerwartet fröhlich
Ich ahne schon, was es Neues gibt:
Sie hat sich wieder verliebt.

Alphabetisches Verzeichnis der Titel

V

W

Z

Zur Autorin

Marianne Hartwig wurde im Hunsrück geboren und verbrachte dort ihre Kindheit und frühe Jugend.

Sie betätigte sich u.a. als Designerin, Antiquitätenhändlerin in London und Hamburg. Als Kunsthandwerkerin entwarf sie bildhafte, textile Arbeiten und präsentierte sie zehn Jahre lang auf der Internationalen Frankfurter Messe. Parallel war sie Mitbegründerin einer Hamburger Literaturgruppe und nahm an Lesungen teil, auch innerhalb des Hamburger „Literatrubel" in den 1980er Jahren.

Verheiratet, bis ihr Mann 2009 unerwartet starb, hat sie einen erwachsenen Sohn und lebt mit ihren Katzen vorwiegend auf Ibiza. Sie pendelt jedoch zwischen neuer und alter Heimat, dem Hunsrück, den sie ebenso liebt.

Seit mehr als 35 Jahren schreibt sie vor allem Gedichte und Erzählungen.

Bisher von ihr erschienen:

Wie Sand am Meer: Freud und Leid Gedichte (BoD, Norderstedt, 2009), 192 S., broschiert, ISBN: 978-3-8391-1160-4

Sucht und Sehnsucht: Mit dir und ohne dich (BoD, Norderstedt, 2010), 308 S., broschiert, ISBN: 978-3-8423-3140-2

Balanceakt: Nach der Zeit zu zweit (BoD, Norderstedt, 2011), 199 S., broschiert, ISBN: 978-3-8423-8300-5

Ein Hauch von Zuversicht (BoD, Norderstedt, 2012), 236 S., broschiert, ISBN: 978-3-8482-2571-2

Daheim: Eine ungereimte Kindheit (BoD, Norderstedt, 2014), 288 S., broschiert, ISBN: 978-3-7357-5630-5

Weniger, aber Meer: Von der unerreichbaren Gelassenheit auf Ibiza (BoD, Norderstedt, 2015), 240 S., broschiert, ISBN: 978-3-7347-7152-1

Mutwillig: Von Leicht-, Froh- und Unsinn (BoD, Norderstedt, 2016), 212 S. broschiert, ISBN 978-3-7412-6198-5

Vor-Lieben: Poesie des Alltags (BoD, Norderstedt, 2017), 272 S. broschiert, ISBN 978-3-7460-4404-0

Mit sich und der Welt in Reimen: Aus meinem lyrischen Tagebuch (BoD, Norderstedt, 2018), 208 S. broschiert, ISBN 978-3-7481-4120-4

Fragwürdig (BoD, Norderstedt, 2019), 356 S., broschiert, ISBN: 978-3-7504-1219-4